新 49문장으로 끝내는
일본어기초문법

정의상 저

보고사

정의상

일본 오사카대학 대학원 일본학과 문학박사(현대 일본어 문법 전공)
현재 조선대학교 일본어과 교수
일본어통·번역학회 회장 역임
한국관광공사 외국어 관광안내 표기 감수위원
서울시 외국어(일본어) 표기 자문위원

저서

はじめての日本語 1/2(다락원)
대한민국에서 가장 재밌는 Fun Fun일본어문법(시사일본어사)
귀로 쏙쏙 일본어 문법(다락원)
50가지 표현으로 배우는 일본어 기본문형(YBM Si-sa)
틀리기 쉬운 일본어문법 50(제이플러스)
文型으로 익히는 日本語(도서출판 계명)
Open 日本語 1/2(동양북스)
新일본어능력시험 이렇게 풀어라! N1/N2(동양북스)
新일본어능력시험 문법 이거 하나면 끝! N1/N2/N3(동양북스)
일본어뱅크 新일본어능력시험 청해 이거 하나면 끝! N3(동양북스)
일본어뱅크 新일본어능력시험 문자·어휘 이거 하나면 끝! N3(동양북스)
일본어뱅크 新일본어능력시험 독해 이거 하나면 끝! N3(동양북스)

新 49문장으로 끝내는 일본어기초문법

초 판 1쇄 발행　2006년 1월 31일
초 판 2쇄 발행　2007년 11월 30일
초 판 3쇄 발행　2009년 2월 27일
개정판1쇄 인쇄　2011년 12월 15일
개정판1쇄 발행　2011년 12월 26일

저　자｜정의상
발행인｜김흥국
발행처｜도서출판 **보고사**
등　록｜1990년 12월(제6-0429)
주　소｜서울시 성북구 보문동7가 11번지 2층
전　화｜02)922-5120~1
팩　스｜02)922-6990
E-mail｜kanapub3@chol.com
www.bogosabooks.co.kr
ISBN 978-89-8433-950-7　13730
정　가　12,000원

저자와의 협의에 의하여 인지를 생략합니다.
잘못된 책은 교환하여 드립니다.

들어가기

이 책은 일본어를 처음 공부하거나 초급과정을 약간 공부한 초기단계 학습자들을 위해 만든 문법책이다.

다시 말하면, 일본어 문장 구성의 뼈대라 할 수 있는 문법사항을 처음부터 체계적으로 공부함과 동시에 기초 회화에 필요한 어휘력을 늘리고자 하는 초기 단계 학습자를 대상으로 난이도의 순서에 따라 쉽게 공부할 수 있도록 만든 책이다.
처음으로 일본어를 공부하는 학습자들을 위한 「일본어의 기초」편, 체계적인 필수 문법사항의 공부를 위한 「핵심문법」편, 그리고 문법을 공부하는 데 있어서 도움이 되는 품사들을 일괄적으로 다룬 「문법 도우미」의 3단계로 나누어 실어 놓았다.

이 책의 특징 및 구성은 다음과 같다.

1. 일본어의 기초

「일본어의 기초」편에서는, 우선, 명사, 대명사, 수사 등, 문장을 만들 때, 기본이 되는 일본어 어휘에 대해 간단히 다루었다.

또한 「기본문형 연습」에서 문형을 난이도의 순서로 ①과 ②로 나누어 일본어를 처음 접하는 학습자들이 기초적인 대화 및 학습을 하는 데 있어서 꼭 필요한 문형을 예문을 통해 학습할 수 있도록 실어놓았다.

「동사의 기초」에서는 기본적인 문장을 만들 때, 문장의 중심이 되는 일본어 동사에는 어떠한 종류가 있는지, 또는 동사 활용형 중, 일반적으로 가장 처음에 나오는 「ます형(~ㅂ니다)」 만들기 및 특징에 대한 내용을 실어놓았다.

본격적인 문법 공부에 들어가기 전에 이러한 「일본어 기초」편을 통해, 기본적으로 일본어로의 아주 간단한 회화가 가능할 수 있도록 구성해 놓았다.

2. 핵심문법

「핵심 문법」편에서는 일본어 문법을 마스터하는 데 가장 필수적인 문법내용, 즉 「형용사, 동사의 활용」부터 「사역, 수동, 경어표현」 등에 이르기까지 난이도를 고려해 49개의 핵심문법 항목으로 나누어 쉬우면서도 깊이 있게 공부할 수 있도록 구성해놓았다.

핵심문법의 각과의 구성은, 먼저 해당 문법사항의 의미, 접속 및 구체적인 용법을 상세히 다룸으로 해서, 문법의 기초적인 지식은 물론이려니와, 문법을 공부할 때 틀리기 쉬운 내용까지 공부할 수 있도록 해놓았다. 이러한 과정을 통해 얻은 문법 지식이 문장에서는 어떻게 응용되는 가를 실제로 연습하는 동시에 일본어 어휘력, 특히 커뮤니케이션에 필요한 기초 어휘력을 늘리는 데 도움이 되는「어휘력 JUMP」를 각과의 마지막에 만들어 놓았다.

3. 문법도우미
「문법도우미」편에서는 핵심문법에서는 본격적으로 다루지 않았던 일본어 품사를 간단하게 이해할 수 있는 일람표를 실어놓았다.
「조사, 부사, 연체사, 감동사, 수사」 등의 일본어의 각각의 품사에 대한 기본적인 설명과 예문을 실어놓았다. 또한, 문장구성에 있어서 중심이 되는 동사 및 형용사 전반, 즉「자·타동사 일람표」「동사와 표현의도 일람표」「동사 및 형용사의 접속표현유형 일람표」등을 한눈에 보기 쉽게 표로 만들어 실어놓았다.

4. 해답례
일본어 기초편의 「WARMING UP」과 핵심문법편의 「어휘력 JUMP」의 문장연습의 해답이라 할 수 있는 예문을 실어 놓았다.

※일러두기
예문 앞에 쓰이는 「(○), (×), (?), (??)」 표시는 다음과 같은 의미로 쓰인다.
(○) 문법적으로 올바른 문장
(×) 문법적으로 틀린 문장
(?) 문법적으로는 틀리다고는 할 수 없으나, 표현상으로 약간 어색한 문장
(??) 문법적으로나 표현상으로도 상당히 어색해서 실제적으로는 거의 쓸 수 없는 문장

목 차

I. 일본어 기초

1. 명사 ··· 10
2. 대명사 ··· 11
3. 수사 ··· 14
4. 일본어 기본문형 연습 ··· 18
   ❶ 기본문형 연습1 / 18
   ❷ 기본문형 연습2 / 21
   ❸ 동사의 기초(종류 및 ます형) / 24

II. 핵심문법

01. い형용사의 て형(~くて) ·· 32
02. い형용사의 동사수식형(~くなる)・부정형(~くない) ···················· 35
03. な형용사의 で형(~で) 및 부정형(~ではない) ····························· 38
04. な형용사의 동사수식형(~になる) ·· 41
05. 명사수식형(동사・い형용사・な형용사) ···································· 44
06. 동사의 て형 ··· 48
07. たり ·· 51
08. 자동사・타동사 ··· 54
09. 진행의 ている ·· 57
10. 결과상태의 ている ··· 60
11. たい・たがる ··· 64
12. から・ので(원인, 이유) ··· 67
13. ため(に)(원인, 목적) ··· 70
14. 가능표현(~ことができる) ·· 74

15. なくて・ないで(ずに)	77
16. う(よう)	81
17. てある	84
18. てくる・ていく(점진적 변화)	87
19. 과거형(동사・い형용사・な형용사)/완료형	90
20. たことがある	93
21. るところだ・ているところだ・たところだ	96
22. あげる・てあげる	99
23. くれる・てくれる	102
24. もらう・てもらう	105
25. たほうがいい	108
26. てもいい・てはいけない	111
27. なければならない	114
28. かもしれない	117
29. だろう(でしょう)	120
30. はずだ	123
31. 예상・전달의 そうだ	126
32. ようだ	129
33. らしい	132
34. つもりだ	135
35. ことにする・ようにする	138
36. ことになる・ようになる	141
37. 가능동사(e-る・られる)	144
38. ば	147
39. と	150
40. たら	153
41. なら	156
42. 수동표현Ⅰ(직접수동)	159
43. 수동표현Ⅱ(소유자수동)	162

44. 수동표현Ⅲ(간접수동, 피해수동) ············· 165
45. 사역표현 ············· 168
46. 사역수동표현 ············· 171
47. 경어표현Ⅰ(겸양표현) ············· 174
48. 경어표현Ⅱ(존경표현) ············· 177
49. 경어표현Ⅲ(특별동사 경어표현·정중어·미화어) ············· 180

Ⅲ. 문법 도우미

1. 조사 일람 ············· 186
2. 부사 일람 ············· 193
3. 접속사 일람 ············· 200
4. 연체사 일람 ············· 205
5. 형식명사 ············· 208
6. 감동사 일람 ············· 210
7. 수사 일람 ············· 213
8. 자·타동사 일람 ············· 221
9. 형용사 및 명사의 접속표현 유형 ············· 224
10. 동사의 접속표현 유형 ············· 226
11. 동사의 표현의도 일람 ············· 228

▌해답례 / 230

新 49문장으로 끝내는 일본어 기초 문법

01 일본어의 기초
日本語の基礎

1. 명사

명사는 활용이 없는 자립어이며 사람·사물 등의 이름을 가리키는 말로, 조사 「が、は、も」가 붙으면 주어가 될 수 있다.

❶ 보통명사 일반적인 사물의 이름을 나타내는 것으로, 한자나 외래어에 의한 것 외에 때를 나타내는 명사나 전성명사 및 복합명사 등도 있다.

学校(がっこう), 花(はな), 時計(とけい), 人生(じんせい), 平和(へいわ), 前(まえ), 右(みぎ), ボールペン

❷ 전성명사 본래 동사나 형용사로 쓰이던 것이 명사형으로 전환된 것.

동사의 ます형 ➡ 教え(가르침)・遊び(놀이)・晴れ(맑음)・疲れ(피로)

형용사어간 + -さ / -み / -け ➡ 暑さ(더위)・重み(중량감)・眠け(졸음)

❸ 복합명사 둘 이상의 단어가 결합하여 하나의 단어가 된 것.

山道(산길 ⇐ 山+道), 人々(사람들 ⇐ 人+人),
近道(지름길 ⇐ 近い+道), 出入り口(출입구 ⇐ 出る+入る+口),
好き嫌い(좋고 싫음 ⇐ 好き+嫌い)

❹ 고유명사 地名, 人名, 国名 등과 같이 고유한 사물의 이름을 나타내는 명사를 말한다.

京都(교토), 富士山(후지산), 中村(나카무라), 韓国(한국), 日本(일본)

2. 대명사

보통명사나 고유명사를 대신해서 사람·사물 등을 직접 가리키는 말로 기본적으로 **지시대명사**와 **인칭대명사**가 있다.

❶ 지시대명사

	근칭(말하는 쪽)	중칭(듣는 쪽)	원칭	부정칭(의문)
사물	これ 이것	それ 그것	あれ 저것	どれ 어느것
장소	ここ 이곳, 여기	そこ 그곳, 거기	あそこ 저곳, 저기	どこ 어느곳, 어디
방향	こちら/こっち 이쪽	そちら/そっち 그쪽	あちら/あっち 저쪽	どちら/どっち 어느쪽

➡ 「こちら・そちら・あちら・どちら」는 방향을 나타내는 말이지만 경우에 따라서는 장소를 나타내는 「ここ・そこ・あそこ・どこ」나 사람을 가리키는 「この方(かた)・その方(かた)・あの方(かた)・どの方(かた)」를 대신해서 정중하게 말할 때도 쓰인다.

문맥지시용법 사물의 위치관계와 상관없이 쓰이는 「こ・そ・あ・ど」

➡ 상대방이 말한 내용 중, 화자가 잘 모르는 요소를 가리킬 때는 「その」를 사용한다.

山田(やまだ)：ジョンさんはハンサムです。(미스터 존은 잘 생겼습니다.)
田中(たなか)：その人(ひと)はアメリカ人(じん)ですか。(그 사람 미국인입니까?)

➡ 대화하는 쌍방이 모두 아는 내용에 대해 언급할 때는 「あの」를 사용하며, 이 경우의 「あの」는 우리말로 「그」로 해석됨을 주의해야 한다.

去年(きょねん)東京(とうきょう)に一緒(いっしょ)に旅行(りょこう)したでしょう。あの時(とき)の写真(しゃしん)見(み)せてください。
(작년에 함께 도쿄 여행했었죠. 그 때 사진 보여주세요.)

❷ 인칭대명사

1인칭 대명사

「わたし」(나, 저) : 화자 본인, 즉 「나」를 정중하게 표현하는 것으로, 이보다 더 격식을 차린 표현은 「わたくし(저)」인데, 「わたし」가 일반적으로 많이 쓰이고 있다. 여성은 「わたし」대신에 애교스럽게 「あたし」를 사용하기도 한다.

「ぼく」(나) : 남성만이 쓰는 말로, 남자 어린이들이 상대의 상하를 불문하고 자신을 가리킬 때 쓰지만, 성인 남성이 친밀감을 나타내어 쓰는 경우도 있다.

「おれ」(나) : 남성만이 쓰는 말로, 동년배나 아랫사람에게 쓴다. 「ぼく」보다 약간 거친 말투이다.

「自分(じぶん)」(나, 자신 스스로) : 자기 자신을 나타낼 때 쓰는 대명사이다.
朝(あさ)ご飯(はん)は自分(じぶん)で作(つく)って食(た)べます。 (아침밥은 내가 만들어 먹습니다.)

2인칭 대명사

「あなた」(당신, 너) : 2인칭 대명사의 가장 일반적인 표현이다.

「きみ」(자네) : 동년배나 아랫사람에게 쓰는 표현이다.

「おまえ」(너) : 친한 사이나, 아랫사람에게 쓰는 말로 「あなた」보다는 정중도가 떨어진다.

3인칭 대명사

彼(かれ)(그), 彼女(かのじょ)(그녀), この人(ひと)(이 사람), この方(かた)(이 분) ……

본인(1인칭)	상대방(2인칭)	다른 사람(3인칭)	부정칭
わたくし(저/나) わたし(나) ぼく(나 *남성어) おれ(나 *남성어)	あなた(당신) きみ(자네 *남성어) おまえ(너 *남성어)	彼(그) / 彼女(그녀) この人(이 사람) その人(그 사람) あの人(저 사람)	どの人/誰(누구) どの方/どなた(어느분) *「〜方」는「〜人」 보다도 정중한 표현

➡ 「あなた」는 정중한 표현이기는 하지만 윗사람에게 함부로 사용하면 결례가 될 수도 있다. 또한 「あなた」는 부부간의 호칭으로도 사용되는 일도 있으므로, 상대방을 부를 때에는 상대방의 이름 뒤에 직책 또는, 「〜さん」을 붙여, 「田中部長」「花子さん」과 같이 부르는 것이 바람직하다.

➡ 일본어의 경우, 직책 뒤에는 우리말의 「님」에 해당하는 「さん」을 붙이지 않는 것이 일반적이다. 이는 직책 자체가 존경표현으로 취급되기 때문이다.

部長(부장님), 社長(사장님), 先生(선생님)

Check Point

「コ·ソ·ア·ド」의 여러 가지 용법

「コ·ソ·ア·ド」로 시작하는 단어의 대표적인 것이라 하면, 사람이나 장소·방향을 지시하는 경우에 사용되는 예를 들 수 있다. 일반적으로 화자 쪽에 가까이 있는 것에 「こ-」가 붙고, 중간적인 위치에 있는 것에는 「そ-」, 먼 곳에 있는 것에는 「あ-」, 어느 쪽인지 확실하지 않을 경우에는 「ど-」가 붙는다. 「こ·そ·あ·ど」를 사용하는 단어의 구체적인 용법에는 단독적으로 장소 방향을 지시하는 용법[명사적 용법(これ, ここ, こちら)], 명사를 수식하는 [명사수식적 용법(この, こんな……)]과 동사나 형용사를 수식하는 [부사적 용법(こんなに, こう……)]이 있다.

	명사적 용법			명사수식적 용법		부사적 용법	
	사물	장소	방향				
こ- 근칭	これ 이것	ここ 여기	こちら 이쪽	この 이	こんな 이런	こんなに 이렇게	こう 이렇게
そ- 중칭	それ 그것	そこ 거기	そちら 그쪽	その 그	そんな 그런	そんなに 그렇게	そう 그렇게
あ- 원칭	あれ 저것	あそこ 저기	あちら 저쪽	あの 저	あんな 저런	あんなに 저렇게	ああ 저렇게
ど- 부정칭	どれ 어느 것	どこ 어디	どちら 어느 쪽	どの 어느	どんな 어떤	どんなに 어떻게	どう 어떻게

3. 수사

수량이나 순서 등을 나타낼 때 쓰이는 표현으로 숫자만으로 수량을 나타내는 것을 기본적으로 수사라 하고, 수사에 수량이나 시간 등의 단위를 나타내는 것을 조수사라 한다.(수사의 좀더 구체적인 예는 p.213의 「수사 일람」 참조)

❶ 10 이하의 숫자(일, 이, 삼, 사, 오……)

숫자	1	2	3	4	5	6	7	8	9	10
읽기	いち	に	さん	し よん	ご	ろく	しち なな	はち	きゅう く	じゅう

❷ 일본 고유 숫자(하나, 둘, 셋, 넷……)

한자	一つ	二つ	三つ	四つ	五つ	むっつ	七つ	八つ	九つ	十	幾つ
읽기	ひとつ	ふたつ	みっつ	よっつ	いつつ	むっつ	ななつ	やっつ	ここのつ	とお	いくつ

❸ 10 이상의 큰 숫자

10	20	30	40	50	60	70	80	90
じゅう	にじゅう	さんじゅう	よんじゅう	ごじゅう	ろくじゅう	ななじゅう	はちじゅう	きゅうじゅう
100	200	300	400	500	600	700	800	900
ひゃく	にひゃく	さんびゃく	よんひゃく	ごひゃく	ろっぴゃく	ななひゃく	はっぴゃく	きゅうひゃく
1000	2000	3000	4000	5000	6000	7000	8000	9000
せん	にせん	さんぜん	よんせん	ごせん	ろくせん	ななせん	はっせん	きゅうせん

※ '만・억・조'는 '一(いち)'을 붙여 '一万(いちまん)・一億(いちおく)・一兆(いっちょう)'라 표현한다.

※ 300(さんびゃく), 600(ろっぴゃく), 800(はっぴゃく), 3000(さんぜん), 8000(はっせん)은 그 발음에 주의한다.

❹ 조수사

조수사	1	2	3	4	5	6	7	8	9	10	몇~
~つ 개	ひとつ	ふたつ	みっつ	よっつ	いつつ	むっつ	ななつ	やっつ	ここのつ	とお	いくつ
~人(にん) 사람, 명	ひとり	ふたり	さんにん	よにん	ごにん	ろくにん	ななにん/しちにん	はちにん	きゅうにん/くにん	じゅうにん	なんにん
~回(かい) 회, 번	いっかい	にかい	さんかい	よんかい	ごかい	ろっかい	ななかい	はちかい	きゅうかい	じゅっかい	なんかい
~階(かい) 층	いっかい	にかい	さんがい	よんかい	ごかい	ろっかい	ななかい	はちかい/はっかい	きゅうかい	じゅっかい	なんがい
~個(こ) 개	いっこ	にこ	さんこ	よんこ	ごこ	ろっこ	ななこ	はちこ/はっこ	きゅうこ	じっこ/じゅっこ	なんこ
~枚(まい) 장	いちまい	にまい	さんまい	よんまい	ごまい	ろくまい	しちまい/ななまい	はちまい	きゅうまい	じゅうまい	なんまい
~本(ほん) 자루	いっぽん	にほん	さんぼん	よんほん	ごほん	ろっぽん	ななほん	はっぽん	きゅうほん	じっぽん/じゅっぽん	なんぼん
~杯(はい) 잔, 그릇	いっぱい	にはい	さんばい	よんはい	ごはい	ろっぱい	ななはい	はちはい/はっぱい	きゅうはい	じっぱい/じゅっぱい	なんばい
~匹(ひき) 마리	いっぴき	にひき	さんびき	よんひき	ごひき	ろっぴき	ななひき/しちひき	はちひき/はっぴき	きゅうひき	じっぴき/じゅっぴき	なんびき
~冊(さつ) 권	いっさつ	にさつ	さんさつ	よんさつ	ごさつ	ろくさつ	ななさつ	はっさつ	きゅうさつ	じっさつ/じゅっさつ	なんさつ
~歳(さい) 살, 세	いっさい	にさい	さんさい	よんさい	ごさい	ろくさい	ななさい	はっさい	きゅうさい	じっさい/じゅっさい	なんさい
~足(そく) 켤레	いっそく	にそく	さんぞく	よんそく	ごそく	ろくそく	ななそく	はっそく	きゅうそく	じっそく/じゅっそく	なんぞく
~台(だい) 대	いちだい	にだい	さんだい	よんだい	ごだい	ろくだい	しちだい/ななだい	はちだい	きゅうだい	じゅうだい	なんだい

❺ 때를 나타내는 말

시간 (何時何分) ●●▶

1時(いちじ)	2時(にじ)	3時(さんじ)	4時(よじ)
5時(ごじ)	6時(ろくじ)	7時(しちじ)	8時(はちじ)
9時(くじ)	10時(じゅうじ)	11時(じゅういちじ)	12時(じゅうにじ)

ぷん 1分	にふん 二分	さんぷん 三分	よんぷん 四分
ごふん 五分	ろっぷん 六分	ななふん 七分	はっぷん 八分
きゅうふん 九分	じゅっぷん 十分	にじゅっぷん 二十分	さんじゅっぷん 三十分
よんじゅっぷん 四十分	ごじゅっぷん 五十分	ろくじゅっぷん 六十分	

➡ 1時(いちじ) 15分(じゅうごふん) / 4時(よじ) 40分(よんじゅっぷん)

요일 ●●▶

日曜日(にちようび)	月曜日(げつようび)	火曜日(かようび)
水曜日(すいようび)	木曜日(もくようび)	金曜日(きんようび)
土曜日(どようび)	何曜日(なに[なん]ようび : 무슨 요일)	

시제 ●●▶

おととい	昨日(きのう)	今日(きょう)	明日(あした)	あさって
그저께	어제	오늘	내일	모레

先週(せんしゅう)	今週(こんしゅう)	来週(らいしゅう)
지난 주	이번 주	다음 주

날짜 ●●▶

1일	2일	3일	4일	5일	6일	7일	8일	9일	10일
ついたち	ふつか	みっか	よっか	いつか	むいか	なのか	ようか	ここのか	とおか

➡ 11일부터는 11일(じゅういちにち), 12일(じゅうににち), … 30일(さんじゅうにち) 와 같은 식으로 읽는데, 17일은 じゅうしちにち, 19일은 じゅうくにち로 읽으며 14일(じゅうよっか), 24일(にじゅうよっか), 20일(はつか)로 읽는 것에 주의한다.

기간 ●●▶

	~時間(じかん) ~시간	~日間(にちかん) ~일간	~週間(しゅうかん) ~주간	~ヵ月(かげつ) ~개월	~年(ねん) ~년
1	いちじかん	いちにち	いっしゅうかん	いっかげつ	いちねん
2	にじかん	ふつかかん	にしゅうかん	にかげつ	にねん
3	さんじかん	みっかかん	さんしゅうかん	さんかげつ	さんねん
4	よじかん	よっかかん	よんしゅうかん	よんかげつ	よねん
5	ごじかん	いつかかん	ごしゅうかん	ごかげつ	ごねん
6	ろくじかん	むいかかん	ろくしゅうかん	ろっかげつ	ろくねん
7	しちじかん ななじかん	なのかかん	ななしゅうかん	ななかげつ	しちねん ななねん
8	はちじかん	ようかかん	はっしゅうかん	はっかげつ	はちねん
9	くじかん	ここのかかん	きゅうしゅうかん	きゅうかげつ	きゅうねん
10	じゅうじかん	とおかかん	じっしゅうかん	じっかげつ	じゅうねん
몇~	なんじかん	なんにちかん	なんしゅうかん	なんかげつ	なんねん

※ 이 외의 「수사」에 대한 구체적인 내용은 'Ⅲ. 문법도우미'의 '7. 수사 일람'(p.213~220)을 참조할 것.

4. 일본어 기본문형 연습

❶ 기본문형 연습 1

~は~です(か) : ~은 ~입니다(까?)

➡ これは 辞書です。(이것은 사전입니다.)
　ここは 学校です。(여기는 학교입니다.)
　あなたは 学生ですか。(당신은 학생입니까?)

~は~の~です(か) : ~은 ~의 ~입니다(까?)

➡ 彼は 高校の 先生です。(그는 고등학교 선생님입니다.)
　あそこは 彼女の 部屋です。(저기는 그녀의 방입니다.)
　これは だれの かばんですか。(이것은 누구의 가방입니까?)

~は~のです(か) : ~은 ~의 것입니다(까?)

➡ あの本は 田中さんのです。(저 책은 다나카 씨의 것입니다.)
　そのボールペンは 彼女のです。(그 볼펜은 그녀의 것입니다.)
　このかばんは あなたのですか。(이 가방은 당신 것입니까?)

~も~です(か) : ~도 ~입니다(입니까?)

➡ あなたも 会社員ですか。(당신도 회사원입니까?)
　あれも 先生の 本です。(저것도 선생님 책입니다.)
　そこも 会議室ですか。(거기도 회의실입니까?)

~は~では(じゃ)ありません : ~은 ~이(가) 아닙니다

➡ これは 雑誌ではありません。(이것은 잡지가 아닙니다.)
　彼女は 学生じゃありません。(그녀는 학생이 아닙니다.)
　ここは 私の 部屋ではありません。(여기는 제 방이 아닙니다.)

~は(~でも)~でもありません : ~은(~도) ~도 아닙니다

→ あれは カメラでもありません。(저 것은 카메라도 아닙니다.)
　ここは 会議室でも教室でもありません。(여기는 회의실도 교실도 아닙니다.)
　その本は 私のでも、田中さんのでもありません。
　(그 책은 제 것도 다나카 씨 것도 아닙니다.)

Check Point

「~ではありません」 VS 「~ありません」

「~이다」에 해당하는 일본어에는 구어체적 표현으로는 「~だ」가 있고, 문어체적 표현으로는 「~である」가 있다. 이에 대한 부정표현인 「~이 아니다」는 「~だ」를 직접 부정으로 만들지 못하고 「~である」를 「~でない」로 만들어 부정표현을 만든다. 이와 마찬가지로 「~だ」의 정중한 표현인 「~です」의 부정표현도 「~です」의 문어체적인 표현인 「~であります」의 부정표현인 「~で(は)ありません」으로 만들어 표현한다.(이 때의 「は」는 강조의 역할을 한다.)

ある (있다)　あります (있습니다)	≠	ない (없다)　ありません (없습니다)
だ (이다)　である (이다)	≠	で(は)ない (이 아니다)
です (입니다)　であります (입니다)	≠	で(は)ありません (이 아닙니다)

→ 本がある(책이 있다)　　　　　≠　本がない(책이 없다)
　本があります(책이 있습니다)　≠　本がありません(책이 없습니다)
　本だ=本である(책이다)　　　　≠　本ではない(책이 아니다)
　本です(책입니다)　　　　　　　≠　本ではありません(책이 아닙니다)

WARMING UP

1. 그는 일본어 선생님입니다.
   _____。

2. 그녀도 회사원이 아닙니다.
   _____。

3. 여기는 어디입니까?
   _____。

4. 그것은 거짓말이 아닙니까?
   _____。

5. 당신의 이름은 무엇입니까?
   _____。

6. 오늘은 토요일도 일요일도 아닙니다.
   _____。

7. 이 지갑은 그의 것도 그녀의 것도 아닙니다.
   _____。

관련어휘 •••▶

彼(かれ) : 그[3인칭 남자]
~の : ~의[조사]
~も : ~도[조사]
どこ : 어디
あなた : 너, 당신
土曜日(どようび) : 토요일
財布(さいふ) : 지갑

~は : ~은(는)
先生(せんせい) : 선생님
会社員(かいしゃいん) : 회사원
それ : 그것
(お)名前(なまえ) : 이름
日曜日(にちようび) : 일요일
~の : ~의 것

日本語(にほんご) : 일본어
彼女(かのじょ) : 그녀[3인칭 여자]
ここ : 여기
うそ : 거짓말
今日(きょう) : 오늘
この : 이

❷ 기본문형 연습 2

~が/は ~に あります(か) : ~이/은 ~에 있습니다(까?)

➡ 本は あそこに あります。 (책은 저기에 있습니다.)
　バラの花は どこに ありますか。 (장미꽃은 어디에 있습니까?)

~に[は] ~は/が ありません : ~에[는] ~은/이 없습니다

➡ テーブルの上に, テレビが ありません。 (테이블 위에 텔레비전이 없습니다.)
　部屋の中には 何も ありません。 (방안에는 아무것도 없습니다.)

~も あります(ありません) : ~도 있습니다(없습니다)

➡ 辞書も あります。 (사전도 있습니다.)
　机の上には 何も ありません。 (책상 위에는 아무 것도 없습니다.)

~が[は] ~に います(か) : ~이[은] ~에 있습니다(까?)

➡ 田中さんは 部屋に います。 (다나카 씨는 방에 있습니다.)
　誰が 部屋に いますか。 (누가 방에 있습니까?)

~が[は] ~に いません : ~이[은] ~에 없습니다

➡ 母は 部屋に いません。 (엄마는 방에 없습니다.)
　木村さんは 会議室に いませんか。 (기무라 씨는 회의실에 없습니까?)

~も います(か) : ~도 있습니다(까?)

➡ 教室に 猫も います。 (교실에 고양이도 있습니다.)
　会議室に 木村さんも いますか。 (회의실에 기무라 씨도 있습니까?)

~と~が あります[います](か) : ~과 ~이(가) 있습니다(까?)

➡ 机の上に, 時計と 電話が あります。 (책상 위에는 시계와 전화가 있습니다.)

事務室には、田中さんと 木村さんが います。

(사무실에는 다나카 씨와 기무라 씨가 있습니다.)

~や ~などが あります : ~이랑(나) ~ 등이 있습니다

➡ 机の上には、本や ノートなどが あります。

(책상 위에 책이랑 노트 등이 있습니다.)

会議室には コンピューターや 電話などが あります。

(회의실에는 컴퓨터랑 전화 등이 있습니다.)

Check Point

「ある」 VS 「いる」

일반적으로 「ある」는 무생물이나 식물의 존재를 나타낼 때 쓰이며, 「いる」는 사람이나 동물의 존재를 나타낼 때 쓰인다. 그러나 다음과 같은 경우는 사람이나 동물의 존재를 나타냄에도 불구하고, 「いる」보다는 「ある」를 많이 쓴다. 이는 대부분 사람이나 동물을 의지성을 가진 개별적인 주체로 파악하지 않을 경우에 생기는 현상이다.

1) 「소유」를 나타낼 때

私は子供が二人あります。(나는 애가 둘 있습니다.)

2) 동물의 「상품화」

デパートの水族館にひらめとたいがあります。

(백화점 수족관에 도미와 광어가 있습니다)

3) 개개인보다는 「그룹전체」에 초점이 맞춰질 때

車に乗ってくる人もあれば、歩いてくる人もある。

(차를 타고 오는 사람도 있고, 걸어오는 사람도 있다)

4) 이야기에 있어서 「처음 등장하는 인물」

昔あるところにおじいさんとおばあさんがありました。

(옛날 어느 곳에 할아버지와 할머니가 있었습니다)

WARMING UP

1. 은행은 학교 안에 있습니다.
   _____。

2. 가방 속에는 책과 연필이 있습니다.
   _____。

3. 테이블 위에는 아무것도 없습니다.
   _____。

4. 한국에 친구가 있습니다.
   _____。

5. 이 반에는 일본인 학생은 없습니다.
   _____。

6. 정원에는 개와 고양이도 있습니다.
   _____。

7. 회의실 안에는 전화랑 컴퓨터랑 프로젝터 등이 있습니다.
   _____。

관련어휘 •••▶

銀行(ぎんこう) : 은행
～に : ～에
～と : ～과(와)
上(うえ) : 위
友達(ともだち) : 친구
日本人(にほんじん) : 일본인
猫(ねこ) : 고양이
～や : ～랑
～など : 등, 따위

学校(がっこう) : 학교
かばん : 가방
鉛筆(えんぴつ) : 연필
何(なに)も : 아무것도
この : 이
庭(にわ) : 정원
会議室(かいぎしつ) : 회의실
コンピューター : 컴퓨터

中(なか) : 안, 속
本(ほん) : 책
テーブル : 테이블
韓国(かんこく) : 한국
クラス : 클래스, 반
犬(いぬ) : 개
電話(でんわ) : 전화
プロジェクター : 프로젝터

❸ 동사의 기초(종류 및 ます형)

일본어 동사의 특징

기본형(=사전형)의 어미의 음이 [-u]로 끝난다. 즉, う단으로 끝난다.

あ단	あ(わ)	か	さ	た	な	ま	ら	が	ば
い단	い	き	し	ち	に	み	り	ぎ	び
う단	う[u]	く[ku]	す[su]	つ[tu]	ぬ[nu]	む[mu]	る[ru]	ぐ[gu]	ぶ[bu]
	↓	↓	↓	↓	↓	↓	↓	↓	↓
동사	いう (말하다)	かく (쓰다)	おす (누르다)	たつ (서다)	しぬ (죽다)	よむ (읽다)	おわる (끝나다)	およぐ (수영하다)	とぶ (날다)

동사의 종류

일본어의 동사를 활용형식의 종류에 따라 분류하면 다음의 3종류로 대별할 수 있다.

   A. 1그룹 동사(5단동사, u동사)

   B. 2그룹 동사(1단동사, ru동사)

   C. 3그룹 동사(변격동사, 불규칙동사)

A. 1그룹 동사(5단동사, u동사)

1) 동사의 마지막 음(어미)이 る로 끝나지 않는 모든 동사.

   言う(말하다), 書く(쓰다), 話す(이야기하다), 立つ(서다), 死ぬ(죽다),
   読む(읽다), 泳ぐ(수영하다), 飛ぶ(날다)……

2) る로 끝나는 동사 중에서도 る앞의 음이 a, u, o음인 동사.

   ある(a-る)(있다), おわる(owa-る)(끝나다) / うる(u-る)(얻다), おくる(oku-る)(보내다) /
   おる(o-る)(꺾다), おこる(oko-る)(일어나다)……

3) 표면적인 형태만으로는 2그룹 동사(る앞의 음이 i나 e 음인 동사)처럼 보이나, 예외적으로 1그룹 동사인 경우가 있다.

走る(달리다), 帰る(돌아가다), 知る(알다), 切る(자르다), 入る(들어가다),
要る(필요하다), 蹴る(차다), 減る(줄다), 滑る(미끄러지다)……

B. 2그룹 동사(1단동사, ru동사)

동사의 마지막 음(어미)이 る로 끝나며, る앞의 음이 i나 e 음인 동사.

居る(i-る)(있다),　　見る(mi-る)(보다),　　　　起きる(oki-る)(일어나다) /
得る(e-る)(얻다),　　迎える(mukae-る)(마중하다),　見える(mie-る)(보이다)……

다음과 같이, 동사가 동음어인 경우는 1그룹 동사인지 2그룹 동사인지 잘 구별해야 한다.

2그룹 → 変える(바꾸다)　　着る(입다)　　居る(있다)
1그룹 → 帰る(돌아가다)　　切る(자르다)　　要る(필요하다)

C. 3그룹 동사(변격동사, 불규칙동사)

くる(오다), する(하다)밖에 없으며, する와 관련되어 「동작성 명사(한자어)＋する」도 3그룹동사에 속한다.

来る(오다), する(하다), 勉強する(공부하다),
発見する(발견하다), 散歩する(산책하다), ……

일본어 동사의 ます형

일본어 교육에 있어서의 동사 활용형은 ます형, て형, ない형, 사전형, 가정형, 명령형, 의지·권유형 등이 있다. 여기서는 다른 활용형에 대해서는 핵심 문법 편에서 다루기로 하고, 일본어 동사 활용에서 가장 기본이 되는「ます형」에 대해 알아보기로 한다.

1)「ます형」이란?

일반적으로 일본어 교재에서 처음으로 나오는 동사의 활용형으로, 「～ます」는 우리말의 「～습니다(～ㅂ니다)」에 해당한다. ます형이란 동사에 ます가 연결될 때, 동사 어미의 변화 형태를 말한다. 또한 「～ます」의 과거형은 「～ました」, 부정형은 「～ません」, 과거부정형은 「～ませんでした」가 된다.

2) 동사의 ます형 만들기

1그룹 : 동사의 어미 「う단」을 「い단」으로 바꾼다.
2그룹 : 동사의 어미, 즉 る를 없앤다.
3그룹 : する는 し, くる는 き로 바꾼다.

동사의 ます형에 연결될 수 있는 말로는 다음과 같은 표현 등이 있다.

ます형 +
- ます　～ㅂ니다
- たい　～고 싶다
- やすい　～기 쉽다
- はじめる　～기 시작하다
- ながら　～하면서

① 1그룹 동사의 ます형 만들기

1그룹동사 「かく(쓰다)」, 「よむ(읽다)」를 「ます」에 연결할 때는, 각각의 동사의 어미 う단을 い단으로 바꾸어 주어, 「かき」, 「よみ」라고 하는 형태로 만들어 접속시킨다.

```
か   く  : 「かく」의 ます형은 「かき」가 된다.
     ↓
     き  ＋ ます → かきます
```

かき＋やすい(쓰기 쉽다), かき＋たい(쓰고 싶다), かき＋はじめる(쓰기 시작하다)

```
よ   む  : 「よむ」의 ます형은 「よみ」가 된다.
     ↓
     み  ＋ ます → よみます
```

よみ＋やすい(읽기 쉽다), よみ＋たい(읽고 싶다), よみ＋はじめる(읽기 시작하다)

➡ 私は あした 友達の家へ 行きます[行く]. (나는 내일 친구 집에 갑니다.)

2年生の 教室は 3階に あります[ある]。 (2학년 교실은 3층에 있습니다.)
昨日は 友達と お酒を 飲みました[飲む]。 (어제는 친구와 술을 마셨습니다.)
ガムを 噛みながら 歩きます[歩く]。 (껌을 씹으면서 걷습니다.)
毎日 彼女に 会いたい[会う]。 (매일 그녀를 만나고(보고) 싶다.)
今朝は 電車に 乗りました[乗る]。 (오늘 아침은 전철을 탔습니다.)

Check Point

1그룹 동사인 きる(切る)와 2그룹 동사인 きる(着る)는 똑같이 읽히는 동사이지만 동사의 종류가 다르므로 각각의 동사의 ます형은「きる(切る)」는「きり(切り)」,「きる(着る)」는「き(着)」가 된다. 이와 같이 동음 동사지만 동사의 종류가 달라서 활용형이 달라지는 동사로는 다음과 같은 것 등이 있다.

	사전형	ます형	사전형	ます형
1그룹 동사	かえる(帰る)	かえり	いる(要る)	いり
2그룹 동사	かえる(変える)	かえ	いる(居る)	い

➡ お先に帰ります。 (먼저 가겠습니다.)
　予定を変えます。 (예정을 바꿉니다.)

② 2그룹 동사의 ます형 만들기

2그룹 동사「みる(보다)」,「たべる(먹다)」를「ます」에 연결할 때는, 각각의 동사의 어미 る를 없애고,「み」,「たべ」의 형태로 만들어 접속시킨다.

み | る |:「みる」의 ます형은「み」가 된다.
↓
る 탈락 + ます → みます

たべ | る |:「たべる」의 ます형은「たべ」가 된다.
↓
る 탈락 + ます → たべます

たべ＋やすい(먹기 쉽다), たべ＋たい(먹고 싶다), たべ＋はじめる(먹기 시작하다)

➡ 毎朝、7時に 起きます[起きる]。 (매일아침 7시에 일어납니다.)
　サンドイッチと たまごを 食べます[食べる]。 (샌드위치와 계란을 먹습니다.)
　犬は 車の中に います[居る]。 (강아지는 차안에 있습니다.)
　きのうは 夜2時に 寝ました[寝る]。 (어제는 새벽 2시에 잤습니다.)
　今年は たばこと お酒を やめたい[やめる]。 (올해는 담배와 술을 끊고 싶다.)
　パーティーで 彼女は 着物を 着ました[着る]。 (파티에서 그녀는 기모노를 입었습니다.)
　あしたは 彼女と 日本の映画を 見ます[見る]。 (내일은 그녀와 일본영화를 볼 겁니다.)

③ 3그룹 동사의 ます형 만들기

3그룹 동사는 「くる(오다)」, 「する(하다)」(発見する와 같은 한어 동사는 する동사의 일종)의 두 가지밖에 없다. 이들은 활용의 형태가 불규칙하여, 각각의 동사를 「ます」에 연결할 때는, 「くる」는 「き」로, 「する」는 「し」로 각각의 동사의 형태로 바꾸어 접속된다.

```
く  る  : 「くる」의 ます형은 「き」가 된다.
↓  ↓
き  る탈락  +  ます  →  きます
```

き＋やすい(오기 쉽다), き＋たい(오고 싶다), き＋はじめる(오기 시작하다)

```
す  る  : 「する」의 ます형은 「し」가 된다.
↓  ↓
し  る탈락  +  ます  →  します
```

し＋やすい(하기 쉽다), し＋たい(하고 싶다), し＋はじめる(하기 시작하다)

➡ 日曜日の朝は 何を しますか[する]。 (일요일 아침에는 무엇을 합니까?)
　毎朝 公園を 散歩します[散歩する]。 (매일 아침 공원을 산책합니다.)
　日本で 日本語を 勉強したい[勉強する]。 (일본에서 일본어를 공부하고 싶다.)
　来週の火曜日、国から妹が 来ます[来る]。 (다음 주 화요일 고향에서 여동생이 옵니다.)

WARMING UP

1. 6시경에 학원에 갑니다.
　_____。

2. 태풍으로 나무가 쓰러졌습니다.
　_____。

3. 할아버지는 밤 12시전에는 주무십니다.
　_____。

4. 12시 지나서 친구와 함께 학생식당에서 점심을 먹었습니다.
　_____。

5. 이 가게에는 그다지 손님이 오지 않습니다.
　_____。

6. 대개 아침은 6시경에 일어납니다. 그리고 30분정도 운동을 합니다.
　_____。

관련어휘 ●●▶

～ごろ : ～경, 쯤
台風(たいふう) : 태풍
倒(たお)れる : 쓰러지다
祖父(そふ) : (자신의) 할아버지
寝(ね)る : 자다
食堂(しょくどう) : 식당
食(た)べる : 먹다
お客(きゃく)さん : 손님
朝(あさ) : 아침
～くらい : ～정도, 쯤

塾(じゅく) : 사설학원
～で : ～으로(원인)
～ました : ～했습니다(～ます의 과거형)
夜(よる) : 밤
過(す)ぎに : 지나서
～で : 에서(동작이 이루어지는 장소)
店(みせ) : 상점, 가게
来(く)る : 오다
起(お)きる : 일어나다
運動(うんどう) : 운동

行(い)く : 가다
木(き) : 나무
前(まえ) : 앞
一緒(いっしょ)に : 함께
昼(ひる)ごはん : 점심(밥)
あまり : 그다지(뒤에 부정어가 온다)
だいたい : 대개
それから : 그리고, 그리고 나서
する : 하다

02 핵심 문법
核心 文法

01　ソウルは寒くて、ハワイは暑いです。
02　景気が悪くて、生活が苦しくなりました。
03　この部屋は静かでいいですね。
04　私もサーカスが好きになった。
05　有名な芸能人とおもしろい話をした。
06　お酒を飲んで、ラーメンを食べて、寝ました。
07　英語を教えたり、日本語を習ったりします。
08　燃えるごみは燃やしてください。
09　今やせるためにダイエットをしています。
10　お客さんはトリックを知っている。
11　彼女に会いたくて仕事が進みません。
12　ダイエット中なので、晩ごはんは食べません。
13　犯人から逃げるため、一緒懸命走った。
14　ワールドカップを現地で見ることができる。
15　彼は箸を使わないで、ご飯を食べます。
16　いい天気だから散歩にでも行こう。
17　この料金は、サービス料は引いてあります。
18　だんだん雪が積もっていく。
19　先週見た映画は、おもしろかったです。

20　会社に遅刻したことがありますか。
21　今お湯を沸しているところです。
22　かわいそうな彼女をかばってあげたい。
23　彼女が駅まで車で迎えに来てくれた。
24　お金がたりなくて、彼女に払ってもらった。
25　親知らず歯早く抜いたほうがいいてすよ。
26　今日は早く帰ってもいいですか。
27　あした早く起きなければならないから早く寝ます。
28　財布をタクシーの中に忘れたかも知れない。
29　よく分からないが、5時ごろには着くだろう。
30　彼は約束をかならず守るはずだ。
31　あしたはとてもいい天気だそうです。
32　みんなぼくのことを心配してくれたようだ。
33　あの人、だいぶ緊張しているらしいですね。
34　彼女とはもう二度と会わないつもりです。
35　今度の週末は家族と過ごすことにしました。
36　9月に転校することになりました。
37　いびきがうるさくて、眠れません。
38　カップラーメンは、お湯を注げば、3分でオーケーです。
39　食べ過ぎると、お腹をこわします。
40　にんじんを買ったら、だいこんはおまけです。
41　出かけるなら、戸締まりをきちんとしてください。
42　遅く帰ったので父に叱られました。
43　彼は彼女にハイヒールで脚を蹴られた。
44　ちょうど出かける時に、セールスマンに来られた。
45　駅の前で社訓を大声で言わせる。
46　薬が嫌いなのに、むりやり飲ませられた。
47　すぐにタクシーをお呼びします。
48　いかがお過ごしですか。
49　冷たいビールを召し上がりますか。

第1課　い形容詞의 て형(～くて)

ソウルは寒くて、ハワイは暑いです
서울은 춥고 하와이는 덥습니다

い형용사의 활용형으로는 사전형(=명사수식형), ない형, 동사수식형, て형, た형(과거형) 가정형 등이 있으며, 어미 い를 다른 형태로 바꾸어 뒤에 오는 단어에 접속시켜 활용한다.

❶ い形容詞의 기본 8변화

い형용사	긍정형		부정형	
	보통체	정중체	보통체	정중체
현재형	暑い (덥다)	暑いです (덥습니다)	暑くない (덥지 않다)	暑くないです (덥지 않습니다)
과거형	暑かった (더웠다)	暑かったです (더웠습니다)	暑くなかった (덥지 않았다)	暑くなかったです (덥지 않았습니다)

❷ い형용사의 「て형」

A. て형 만들기

기본형 어미 「い」를 「く」로 바꾼 형태		
기본형	広	**い**
		↓
て형		**く** ＋ て → 広くて(넓고, 넓어서)

い형용사[기본형](い형태)	사전형 (い형태)	て형 (く형태＋て)
寒い (춥다)	さむい	さむく＋て (춥고, 추워서)
難しい (어렵다)	むずかしい	むずかしく＋て (어렵고, 어려워서)
*良い (좋다)	よい	よく＋て (좋고, 좋아서)

※ 「いい(좋다)」는 て를 접속시키면 「(×)いくて」로 바뀌지 않고, 동의어인 「よい(좋다)」에서 「よくて」의 형태로 て에 접속된다.

弟は背が高くて、ハンサムです。(남동생은 키가 크고 잘 생겼습니다.)
彼はあまりにも嬉しくて、泣いています。(그는 너무 기뻐서 울고 있습니다.)
春は暖かくて、秋は涼しいです。(봄은 따뜻하고, 가을은 시원합니다.)

B. い형용사 て형의 기능 및 의미

① 「문장의 중지 또는 대비 관계」

この靴は新しくて、その靴は古いです。(이 신발은 새 것이고, 그 신발은 낡았습니다.)
春は暖かくて、秋は涼しいです。(봄은 따뜻하고, 가을은 선선합니다.)

② 「원인・이유」

家は学校から近くて、とても便利です。(집은 학교에서 가까워서 매우 편리합니다.)
この部屋は暗くて、何も見えません。(이방은 어두워서 아무것도 보이지 않습니다.)

③ 「병렬」

この辞書は厚くて、重いです。(이 사전은 두껍고 무겁습니다.)
このケーキは安くて、おいしいです。(이 케이크는 싸고 맛있습니다.)

어휘력 jump

1. 배는 달고, 귤은 십니다.
   _____.

2. 월급이 적어서 생활이 힘듭니다.
   _____.

3. 그는 마음이 약해서 무엇이든 양보합니다.
   _____.

4. 인스턴트 라면은 싸고 맛있지만, 몸에는 나쁩니다.
   _____.

5. 말은 다리가 길고 빠릅니다.
   _____.

6. 영애 양의 얼굴은 동그랗고, 경림 씨의 얼굴은 네모납니다.
   _____.

7. 다나카(田中) 씨는 상냥하고, 나카다(中田) 씨는 무섭습니다.
   _____.

관련어휘 •••▶

なし : 배
すっぱい : 시다. 시큼하다
生活(せいかつ) : 생활
譲(ゆず)る : 양보하다
体(からだ) : 몸
足(あし) : 발. 다리
丸(まる)い : 둥글다. 동그랗다
恐(こわ)い : 무섭다

甘(あま)い : 달다
給料(きゅうりょう) : 급료, 월급
大変(たいへん)だ : 큰일이다. 힘들다
インスタントラーメン : 인스턴트라면
悪(わる)い : 나쁘다
長(なが)い : 길다
四角(しかく)い : 네모나다

みかん : 귤
安(やす)い : 싸다(적다)
気(き)が弱(よわ)い : 마음이 약하다
おいしい : 맛있다
馬(うま) : 말
速(はや)い : 빠르다
やさしい : 상냥하다. 온화하다

第2課 い形容詞의 동사수식형(~くなる)・부정형(~くない)

景気が悪くて、生活が苦しくなりました
경기가 나빠서 생활이 어려워졌습니다

❶ い형용사의 동사수식형

A. 동사 수식형의 특징

い형용사의 뒤에 「なる、する」 등의 동사가 올 경우, 기본형의 어미 「い」는 「く」로 바뀌어 동사를 수식을 하게 되는 데, 이때의 い형용사의 어미변화 형태를 「동사수식형」이라고 한다. 어미변화 형태는 앞서 말한 「て형」과 동일하게 「く」로 바뀐다.

B. 동사수식형 만들기

기본형 어미 「い」를 「く」로 바꾼 형태
기본형   広 い
↓
동사수식형   く + なる(動詞) → 広くなる(넓어지다)

い형용사[기본형] (い형태)	사전형 (い형태)	동사수식형 (く형태+なる)
寒い (춥다)	さむい	さむく + なる(추워지다)
難しい (어렵다)	むずかしい	むずかしく + なる(어려워지다)
*よい (좋다)	よい	よく + なる(좋아지다)

* 「いい(좋다)」는 동사를 접속시키면 「(×)いく+동사」의 형태로 바뀌지 않고, 동의어인 「よい(좋다)」에서 「よく+동사」의 형태로 동사에 접속된다.

子供の部屋は、もう少し明るくしてください。 (아이의 방은 좀 더 환하게 해주세요.)
うちの子の成績がよくなりました。 (우리 아이의 성적이 좋아졌습니다.)

❷ い형용사의 부정(ない)형

A. 부정(ない)형의 특징

い형용사에 부정을 나타내는 ない가 연결될 때, 기본형의 어미「い」는「く」로 바뀌는데 이때의 어미변화 형태를 부정형이라 하며, ない에 연결될 때 쓰이는 형태이므로「ない형」이라고도 한다.「～くない」는 우리말의「～지 않다」에 해당된다.

B. 부정(ない)형 만들기

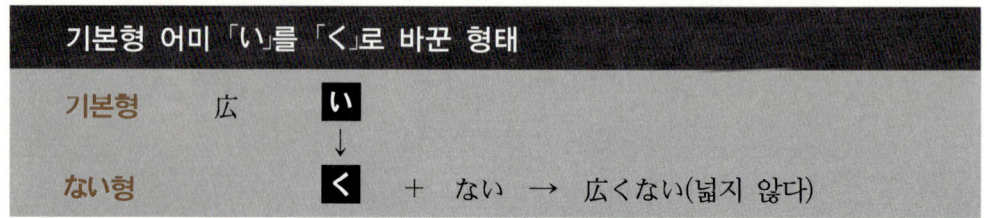

い형용사[기본형](い형태)	사전형(い형태)	て형(く형태+なる)
赤い (빨갛다)	あかい	あかく + ない(빨갛지 않다)
難しい (어렵다)	むずかしい	むずかしく + ない(어렵지 않다)
*よい (좋다)	よい	よく + ない(좋지 않다)

* 「いい(좋다)」에「ない」를 연결하면「(×)いくない」의 형태로 바뀌지 않고, 동의어인「よい(좋다)」에 연결되어「よくない」의 형태로 활용한다.

彼(かれ)の話(はなし)は全然(ぜんぜん)おもしろくない。 (그의 이야기는 전혀 재미없다.)
山田君(やまだくん)の家(いえ)は学校(がっこう)から遠(とお)くないです。 (야마다 군의 집은 학교에서 멀지 않습니다.)
彼女(かのじょ)の部屋(へや)は汚(きたな)くありませんね。 (그녀의 방은 더럽지 않군요.)

어휘력 jump

1. 해마다 머리카락이 적어집니다.
   _____。

2. 남편의 일이 갑자기 바빠졌습니다.
   _____。

3. 점점 물가가 비싸지는군요.
   _____。

4. 남자친구의 방은 넓지 않습니다.
   _____。

5. 더워서 머리를 짧게 했습니다(잘랐습니다).
   _____。

6. 아이들 방은 전등을 더 밝게 해 주세요.
   _____。

7. 아이들 카레는 맵지 않게 했습니다.
   _____。

관련어휘 ●●●

一年一年(いちねんいちねん) : 해마다
夫(おっと) : 남편
忙(いそが)しい : 바쁘다
高(たか)い : 비싸다
暑(あつ)い : 덥다
電気(でんき) : 전기
カレー : 카레

髪(かみ)の毛(け) : 머리카락
仕事(しごと) : 일
ますます : 점점, 더욱더
彼氏(かれし) : 남자친구
短(みじか)い : 짧다
もっと : 더, 더욱
辛(から)い : 맵다

薄(うす)い : 얇다, 적다
急(きゅう)に : 갑자기
物価(ぶっか) : 물가
広(ひろ)い : 넓다
切(き)る : 자르다
明(あか)るい : 밝다

第3課 な형용사의 で형(~で) 및 부정형(~ではない)

この部屋は静かでいいですね
이 방은 조용해서 좋네요

　な형용사의 활용형으로는 사전형, 명사 수식형, ない형, 동사수식형, で형, た형, 가정형이 있다. 사전형과 명사수식형이 동일한 동사나 い형용사와 달리 な형용사는 사전형이 だ이고, 명사수식형은 「~だ」가 「~な」로 바뀐다(静かだ→静かな部屋(조용한 방)). 이러한 특징 때문에 이러한 종류의 형용사를 「な형용사」라고 한다.

❶ な형용사의 기본 8변화

な형용사	긍정형		부정형	
	보통체	정중체	보통체	정중체
현재형	静かだ (조용하다)	静かです (조용합니다)	静かではない (조용하지 않다)	静か ┌ ではないです 　　 └ ではありません (조용하지 않습니다)
과거형	静かだった (조용했다)	静かでした (조용했습니다)	静かではなかった (조용하지 않았다)	静か ┌ ではなかったです 　　 └ ではありませんでした (조용하지 않았습니다)

❷ な형용사의 「で형」

A. で형의 특징

　な형용사의 「で형」이란, 기본형의 어미 「だ」가 「で」로 바뀐 형태를 말하며, 「で형」은 な형용사로 문장을 중간에 끊을 때 등에 사용된다(この部屋はきれいで、あの部屋は汚いです). な형용사의 「~で」는 우리말의 「~고, ~서」에 해당한다.

B. で형 만들기

기본형 어미 「だ」를 「で」로 바꾼 형태
기본형　　静か だ
↓
で형　　　　　　で　＋、 → 静かで、(조용하고, 조용해서)

な형용사[기본형] (だ형태)	사전형 [종지형] (だ형태)	で형 [종지형] (어간＋で형태)
静かだ (조용하다)	静かだ	静かで (조용하고)
きれいだ (깨끗하다)	きれいだ	きれいで (깨끗하고)
同じだ (같다)	同じだ	同じで (같고)

この会議室はきれいで、静かです。(이 회의실은 깨끗하고 조용합니다.)
田中君は真面目で、佐藤君は不真面目です。(다나카 군은 성실하고, 사토 군은 불성실합니다.)

■「で」형과 같이 기본형 어미 「だ」를 「で」로 바꾸는 활용형태로는 「부정형(ない형)」이 있다.

な형용사에 ない가 붙을 때는 어미를 「で」로 바꾸고, 그 뒤에 「は」를 붙여(때에 따라서는 「は」를 붙이지 않는 경우도 있다) 「では」의 형태로 쓰거나, 「では」를 「じゃ」로 바꾸어 쓰기도 한다. 회화체에서는 「じゃ」를 더 많이 쓴다.

静かだ(조용하다) ➡ 静かではない, 静かじゃない(조용하지 않다)
きれいだ(깨끗하다) ➡ きれいではない, きれいじゃない(깨끗하지 않다)

この店の店員さんは、親切ではない。(이 가게의 점원은 친절하지 않다.)
姉は刺身が好きじゃありません。(누나는 생선회를 좋아하지 않습니다.)

어휘력 jump

1. 나카다(中田) 군은 성실하고, 다나카(田中) 군은 성실하지 않습니다.
   _____。

2. 사토(佐藤) 씨는 친절하고, 하야시(林) 씨는 친절하지 않습니다.
   _____。

3. 그녀는 영어를 잘하고, 그는 일본어를 잘합니다.
   _____。

4. 도시는 번화하고, 시골은 조용합니다.
   _____。

5. 그녀의 방은 깨끗하고 넓습니다.
   _____。

6. 그녀는 집안일은 싫어하고, 쇼핑은 좋아합니다.
   _____。

7. 가족 모두가 건강해서 행복합니다.
   _____。

관련어휘 ●●▶

真面目(まじめ)だ : 성실하다
都会(とかい) : 도시
静(しず)かだ : 조용하다
嫌(きらい)だ : 싫어하다
家族(かぞく) : 가족
幸(しあわ)せだ : 행복하다

親切(しんせつ)だ : 친절하다
田舎(いなか) : 시골
広(ひろ)い : 넓다
ショッピング : 쇼핑(買い物)
みんな : 모두

上手(じょうず)だ : 잘하다, 능숙하다
にぎやかだ : 번화하다, 활기차다
家事(かじ) : 가사, 집안일
好(すき)だ : 좋아하다
元気(げんき)だ : 건강하다

第4課 な형용사의 동사수식형(〜になる)

私もサーカスが好きになった
나도 서커스를 좋아하게 됐다

❶ な형용사의 동사수식형

A. 동사수식형의 특징

동사수식형이란 な형용사가 する, なる 등의 뒤에 오는 동사를 수식할 경우, 기본형의 어미 だ를 に로 바꾸는 것을 말한다. 이 때의 「〜に」는 우리말의 「〜(하)게」에 해당한다. い형용사의 경우는 ない형과 동사수식형의 어미변화 형태가 동일하나, な형용사의 경우에는, ない형은 「で」로, 동사수식형은 「に」로 바뀌어 어미변화 형태가 각각 다르다.

静かだ(조용하다) ➡ [ない형] 静かでない(조용하지 않다)
静かだ(조용하다) ➡ [동사수식형] 静かになる(조용해지다)

B. 동사수식형 만들기

기본형 어미 「だ」를 「に」로 바꾼 형태
기본형   静か **だ** (조용하다)
↓
동사수식형   **に** + なる(動詞) → 静かになる(조용해지다)

な형용사[기본형](だ형태)	사전형[종지형](だ형태)	동사수식형(어간+に형태)
静かだ(조용하다)	静かだ	静かに + なる(조용해지다)
きれいだ(깨끗하다)	きれいだ	きれいに + なる(깨끗해지다)
*同じだ(같다)	同じだ	同じに + なる(같아지다)

恥ずかしくて、彼女の顔が真っ赤になりました。(창피해서 그녀의 얼굴이 새빨개졌습니다.)
学生みんなが教室をきれいに掃除する。(학생 모두가 교실을 깨끗하게 청소한다.)
赤ちゃんが安らかに寝る。(아기가 편하게 잔다.)

* 「~와 똑같이」의 의미로 사용될 때는 「同じく」의 형태가 되기도 한다.

僕も彼と同じく学生だ。 (나도 그와 똑같이 학생이다.)

Check Point

일부 な형용사는 명사로도 쓰이는데, 이들이 술어로 쓰이는 경우, 「な형용사」는 「~하다」로, 「명사+だ」는 「~이다」로 해석된다.

自由だ(자유롭다; 자유이다)　健康だ(건강하다; 건강이다)　親切だ(친절하다; 친절이다)
平和だ(평화롭다; 평화이다)　元気だ(건강하다; 건강이다)……

な형용사	명사
健康な人 (건강한 사람)	健康の秘訣 (건강의 비결)
自由な生活 (자유로운 생활)	自由の女神 (자유의 여신)
平和な村 (평화로운 마을)	世界の平和 (세계의 평화)

다음 과에서 다루게 될 な형용사의 명사 수식형은 일반적으로 기본형 어미가 「な」로 바뀌나, 예외적으로 [~な, ~の] 양쪽 형태를 모두 취할 수 있는 な형용사도 있다.

いろいろな本 (여러 가지 책)	特別な酒 (특별한 술)	別な日 (다른 날)
いろいろの本	特別の酒	別の日
わずかなお金 (얼마 안 되는 돈)	上等な品 (상품)	独特な方法 (독특한 방법)
わずかのお金	上等の品	独特の方法

어휘력 jump

1. 오늘은 그녀가 예뻐 보였습니다.
   _____。

2. 매주 일요일에는 방을 깨끗하게 청소합니다.
   _____。

3. 회화를 잘하게 되기까지는 시간이 걸립니다.
   _____。

4. 외국인에게는 친절하게 웃습니다.
   _____。

5. 그는 일본 노래도 능숙하게 부릅니다.
   _____。

6. 우유는 뼈를 튼튼하게 합니다.
   _____。

7. 나도 내년부터는 남편과 월급이 같아집니다.
   _____。

관련어휘 •••

見(み)える : 보이다
会話(かいわ) : 회화
外国人(がいこくじん) : 외국인
歌(うた)う : 노래하다, 노래 부르다
丈夫(じょうぶ)だ : 튼튼하다
給料(きゅうりょう) : 월급, 급료

毎週(まいしゅう) : 매주
時間(じかん) : 시간
笑(わら)う : 웃다
牛乳(ぎゅうにゅう) : 우유
来年(らいねん) : 내년
同(おな)じだ : 같다, 동일하다

掃除(そうじ)する : 청소하다
かかる : (시간 등이) 걸리다
歌(うた) : 노래
骨(ほね) : 뼈
主人(しゅじん) : (자기)남편

| 第5課 | 명사수식형(동사·い형용사·な형용사) |

有名な芸能人とおもしろい話をした
유명한 연예인과 재미있는 이야기를 했다

❶ 동사의 명사수식형

동사의 기본형과 같이 어미가 う단으로 끝나는 활용형으로는 동사로 문장을 끝낼 때 쓰이는 사전형(종지형)과 명사, 대명사 등을 수식하는 명사수식형(연체형)이 있다.

※ 동사의 명사수식형 만들기

기본형	書	く (쓰다)
	↓	
사전형	く	+ 。 → 書く。(쓰다.)
명사수식형	く	+ 人(名詞) → 書く人(쓸(쓰는) 사람)

동사[기본형]	사전형[문의종지]	사전형(명사수식)
見る(보다)	みる。	みる + 人 (볼 사람)
寝る(자다)	ねる。	ねる + 人 (잘 사람)
来る(오다)	くる。	くる + 人 (올 사람)

あそこに見える山が富士山です。 (저기에 보이는 산이 후지산입니다.)
ここにいる学生は、みんなまじめだ。 (여기에 있는 학생은 모두 성실하다.)

❷ い형용사의 명사수식형

い형용사 기본형과 동일하게 어미가 い로 끝나는 활용형으로는 문장을 끝내는 사전형(종지형)과 명사, 대명사 등을 수식하는 명사수식형(연체형)이 있다.

※ い형용사의 명사수식형 만들기

기본형	広	**い** (넓다)
사전형		**い** + 。 → 広い。(넓다.)
		↓
명사수식형		**い** + 部屋(名詞) → 広い 部屋(넓은 방)

い형용사[기본형]	사전형 [문의종지]	사전형 (명사수식)
赤い(빨갛다)	あかい。	あかい + 帽子(빨간 모자)
大きい(크다)	おおきい。	おおきい + かばん(큰 가방)
おいしい(맛있다)	おいしい。	おいしい + パン(맛있는 빵)

展覧会で、美しい絵を見ます。 (전람회에서 아름다운 그림을 봅니다.)
エアコンから涼しい風が出ます。 (에어컨에서 시원한 바람이 나옵니다.)

❸ な형용사의 명사수식형

사전형과 명사수식형이 동일한 동사나 い형용사의 경우와는 달리, な형용사의 사전형(~だ)과 명사수식형(~な)은 활용 형태가 달라, 명사를 수식할 때는 기본형의 어미가 な로 바뀐다.

※ な형용사의 명사수식형 만들기

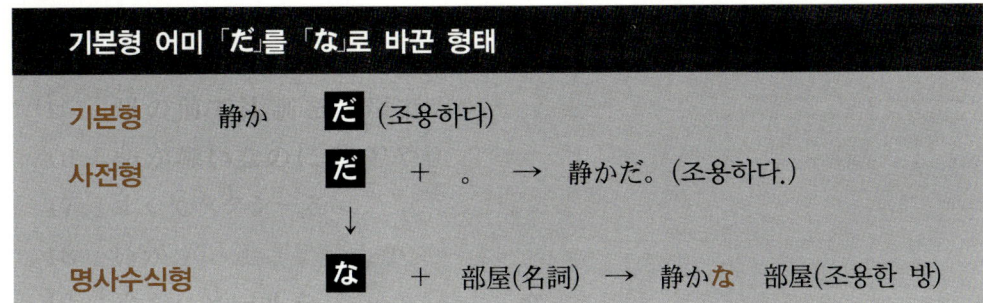

な형용사[기본형](だ형태)	사전형 (문의 종지)	명사수식형 (だ→な형태)
きれいだ (깨끗하다)	きれいだ	きれいな＋部屋(깨끗한 방)
まじめだ (성실하다)	まじめだ	まじめな＋人(성실한 사람)
*同じだ (같다)	同じだ	同じ＋色(같은 색)

金さんはにぎやかな町に住んでいます。(김씨는 번화한 마을에 살고 있습니다.)

ぼくの得意な料理はオムライスです。(내가 잘하는 요리는 오므라이스입니다.)

* 「同じだ」는 다른 な형용사와 달리, 명사를 수식할 때는 어미「だ」를 없애고, 어간에 직접 명사를 접속시킨다.

    同じだ＋話 ➡ 同じ話(같은 이야기)

    同じだ＋道 ➡ 同じ道(같은 길)

어휘력 jump

1. 이것은 누구에게 보낼 짐입니까?
   _____。

2. 홍콩에 있는 남동생은 내일 고국으로 돌아옵니다.
   _____。

3. 가족 모두 즐거운 나날을 보냅니다.
   _____。

4. 오늘도 맛없는 낫토를 먹었습니다.
   _____。

5. 나는 예쁜 꽃과 귀여운 고양이를 좋아합니다.
   _____。

6. 나는 진지한 이야기를 했습니다. 그러나 모두가 웃었습니다.
   _____。

7. 이 클래스에는 운동을 잘하는 사람도, 못하는 사람도 있습니다.
   _____。

관련어휘 ●●▶

送(おく)る : 보내다
弟(おとうと) : 남동생
楽(たの)しい : 즐겁다
まずい : 맛없다
かわいい : 귀엽다
しかし : 그러나
得意(とくい)だ : 잘하다, 자신있다

荷物(にもつ) : 짐, 화물
国(くに) : 고국
日々(ひび) : 나날
納豆(なっとう) : 낫토
猫(ねこ) : 고양이
クラス : 클래스
苦手(にがて)だ : 못하다, 서투르다

香港(ホンコン) : 홍콩
帰(かえ)る : 돌아오다, 돌아가다
過(す)ごす : 보내다, 지내다
花(はな) : 꽃
真面目(まじめ)だ : 진지하다, 성실하다
運動(うんどう) : 운동

第6課　동사의 て형

お酒を飲んで、ラーメンを食べて、寝ました
술을 마시고, 라면을 먹고, 잤습니다

❶ 동사의 て형 만들기

동사의 종류	동사의 어미	어미변화+て	예문
1그룹동사	く ぐ う、つ、る ぬ、む、ぶ す	いて いで って んで して	書く→書いて、置く→置いて 泳ぐ→泳いで、嗅ぐ→嗅いで 言う→言って、立つ→立って、乗る→乗って 死ぬ→死んで、読む→読んで、飛ぶ→飛んで 話す→話して、出す→出して
2그룹동사	る	る̸て	起きる→起きて、食べる→食べて
3그룹동사	る	ます형+て	来る→来て、する→して
예외			*行く→行って

❷ 「〜て」의 의미

ⓐ **순차동작(〜하고 나서)**
　晩ごはんを食べて、家へ帰る。(저녁을 먹고 집에 돌아간다.)

ⓑ **동시동작(〜한 상태로)**
　いすに座って、テレビを見ます。(의자에 앉아 텔레비전을 봅니다.)

ⓒ **수단・방법**
　自転車に乗って、スーパーへ行きます。(자전거를 타고 슈퍼마켓에 갑니다.)

ⓓ **원인・이유**
　かぜをひいて、会社を休みました。(감기에 걸려서 회사를 쉬었습니다.)

ⓔ 동작의 병렬

うちの子はよく食べて、よくねます。 (우리 아이는 잘 먹고, 잘 잡니다.)

ⓕ 전건과 후건의 대비 관계

男は泣いて、女は笑います。 (남자는 울고, 여자는 웃습니다.)

Check Point

「て」와 「てから」의 쓰임의 차이

「て」와 「てから」는 둘 다 동작의 순서를 나타낸다고 하는 점에서는 같다.
① 食事の後、お風呂に入って、勉強します。
② 食事の後、お風呂に入ってから、勉強します。

①의 「て」는 「そして(그리고)」로 바꿔 쓸 수 있다고 하는 점에서도 알 수 있듯이, 화자는 「お風呂に入る」와 「勉強する」를 같은 비중으로 간주하고 있다. 한편, 「てから」를 사용한 ②의 문장에서는 「勉強する」에 화자의 시점이 놓이게 되어, 「いつ勉強をするか(언제 공부하는지)」를 강조하는 문장이 된다. 이와 같은 차이점은 다음의 ③, ④를 통해서도 확인할 수 있다.

③ 食事の後、何をしましたか。
　お風呂に入って、勉強しました。
④ 食事の後、いつ勉強しましたか。
　お風呂に入ってから勉強しました。

즉 「いつ(언제)」라고 하는 질문에 대해, 동작이 이루어진 시간을 말하지 않고, 동작의 순서로 대답할 경우에는 「て」보다는 「てから」를 사용해서 표현하는 것이 적합하다. 「て」를 사용해 대답하면, ③과 같이 「何をしたか(무엇을 했는가?)」라고 하는 질문에 대한 대답으로 적합하다 할 수 있겠다. 또한 순차동작을 나타내는 「て」는 다음 ⑤에서와 같이 앞의 동작(降りる)과 뒤의 동작(乗る)을 하는 사람이 다를 때는 사용할 수 없으며, 이 경우에는 ⑥과 같이 「てから」를 사용해 표현해야 한다.

⑤ (×) 降りる人が降りて、乗ってください。
⑥ (○) 降りる人が降りてから、乗ってください。 (내릴 사람이 내린 후에 타주세요.)

어휘력 jump

1. 노크를 하고, 방에 들어와 주십시오.
   _____.

2. 다나카(田中) 씨는 파출소에서 길을 물어, 시청에 갔습니다.
   _____.

3. 나카코미(中込) 군은 친구 아파트에 잠깐 들렸다가, 집으로 돌아갔습니다.
   _____.

4. 휴일에는 청소를 하고, 텔레비전을 보고, 그리고 나서 잠깐 공부하고…….
   _____.

5. 모리(森) 씨는 저녁 식사 때 고기와 야채를 볶아서 먹었습니다.
   _____.

6. 고양이는 구멍을 파서 배설물을 감춥니다.
   _____.

7. 부인은 열심히 일하고, 남편은 전혀 일을 하지 않습니다.
   _____.

관련어휘 •••

ノックをする : 노크를 하다
交番(こうばん) : 파출소
アパート : 아파트
休(やす)みの日(ひ) : 휴일
肉(にく) : 고기
穴(あな) : 구멍
隠(かく)す : 감추다
働(はたら)く : 일하다
仕事(しごと) : 일

部屋(へや) : 방
道(みち)を聞(き)く : 길을 묻다
ちょっと : 잠깐, 조금
それから : 그리고나서
野菜(やさい) : 야채
掘(ほ)る : 파다
妻(つま) : 처
夫(おっと) : 남편

入(はい)る : 들어오(가)다
市役所(しゃくしょ) : 시청
寄(よ)る : 접근하다, 들르다
夕食(ゆうしょく) : 저녁식사
炒(いた)める : 기름에 볶다
うんこ : 대변, 배설물
いっしょうけんめい : 열심히
ぜんぜん : 전혀

| 第7課 | たり |

英語を教えたり、日本語を習ったりします
영어를 가르치거나, 일본어를 배우거나 합니다

❶ 의미

~(하)기도 하고, ~(하)거나

❷ 접속

A. 동사 : [동사의 て형 ＋ たり(だり)]

동사의 종류	동사의 어미	어미변화+たり	예문
1그룹동사	く	いたり	書く→書いたり、置く→置いたり
	ぐ	いだり	泳ぐ→泳いだり、嗅ぐ→嗅いだり
	う、つ、る	ったり	言う→言ったり、立つ→立ったり、乗る→乗ったり
	ぬ、む、ぶ	んだり	死ぬ→死んだり、読む→読んだり、飛ぶ→飛んだり
2그룹동사	る	る̶たり	起きる→起きたり、食べる→食べたり
3그룹동사	る	ます형+たり	来る→来たり、する→したり
예외			行く→行ったり

B. い형용사 : [어미「い」→ かっ＋たり]

暑い → 暑かったり、 悲しい → 悲しかったり

C. な형용사 : [어미「だ」→ だっ＋たり]

静かだ → 静かだったり、 不安だ → 不安だったり

D. 명사 : [명사＋だ → だっ＋たり]

6時だ → 6時だったり、　学生だ → 学生だったり

❸ 용법

보통「～たり ～たりする」의 형태로 쓰이는 경우가 많으나,「たり」가 한 번만 쓰이거나, 두 번 이상 쓰이는 경우도 있다.「～たり」가 명사나 형용사에 연결될 때는「する(します)」대신「だ(です)」를 쓰기도 한다. 동사의 경우도 간혹 이와 같이「する(します)」대신「だ(です)」가 쓰이는 것을 볼 수 있다.

① 여러 가지 동작을 나열할 때 쓰인다.

日曜日には、公園を歩いたり、走ったりします。(일요일에는 공원을 걷거나, 달리거나 합니다.)
今年の春は暑かったり寒かったりしました。(올 봄은 덥다가 춥다가 했습니다.)
学生は勉強をしたり、本を読んだり、運動をしたりします。
(학생은 공부를 하기도 하고, 책을 읽기도 하고, 운동을 하기도 합니다.)
食事の時間は6時だったり、7時だったりです。
(식사시간은 6시이기도 했다가, 7시이기도 했다가 합니다.)

② 서로 대립되는 두 가지의 동작이나 상태가 반복되는 것을 나타낸다.

이러한 경우의「たり」표현은 우리말로 해석할 때 일본어 표현과 해석순서가 반대가 되는 경우가 많다.

乗客は乗ったり降りたりする。(승객은 내렸다 탔다 한다.)
テレビをつけたり消したりしている。(텔레비전을 껐다 켰다 하고 있다.)
彼は彼女の家の前を行ったり来たりしている。(그는 그녀의 집 앞을 왔다 갔다 하고 있다.)
雨が降ったりやんだりする。(비가 내렸다 그쳤다 한다.)
部屋を出たり入ったりする。(방을 들락날락거린다.)
体の調子がよかったり悪かったりです。(몸 상태가 좋다 나쁘다 합니다.)

어휘력 jump

1. 어제는 아이와 놀기도 하고, 쇼핑을 하기도 했습니다.
   _____。

2. 기무라(木村) 씨는 아르바이트로 접시를 닦기도 하고, 음식을 나르기도 합니다.
   _____。

3. 다나카(田中) 군은 수업 중에 하품을 하기도 하고, 졸기도 합니다.
   _____。

4. 오늘은 여기저기 왔다 갔다 하느라, 매우 바빴습니다.
   _____。

5. 하나코(花子) 양은 아까부터 방을 들락날락거렸습니다.
   _____。

6. 어제는 비가 오락가락 하는, 이상한 날씨였습니다.
   _____。

7. 일본어 시험은 어렵기도 했다가 쉽기도 했다가 합니다.
   _____。

관련어휘 •••▶

遊(あそ)ぶ : 놀다	買(か)い物(もの) : 쇼핑	アルバイト : 아르바이트
皿(さら)を洗(あら)う : 접시를 씻다, 설거지하다		料理(りょうり) : 요리, 음식
運(はこ)ぶ : 옮기다, 나르다	授業中(じゅぎょうちゅう) : 수업중	欠伸(あくび)をする : 하품을 하다
居眠(いねむ)りをする : 앉아 졸다	あちこち : 여기저기	とても : 매우, 무척
忙(いそが)しい : 바쁘다	さっきから : 아까부터	出(で)る : 나가(오)다
入(はい)る : 들어오(가)다	変(へん)だ : 이상하다	天気(てんき) : 날씨
試験(しけん) : 시험	難(むずか)しい : 어렵다	易(やさ)しい : 쉽다

第8課 자동사·타동사

燃えるごみは燃やしてください
가연성(타는) 쓰레기는 태워주세요

일반적으로 일본어의 동사는 목적격조사「を」를 취하지 못하면 자동사, 목적어「を」를 취할 수 있는 동사를 타동사로 구분하고 있다. 그러나 다음의 자·타동사의 구분을 통해, 이러한 기준이 절대적인 기준은 아님을 알 수 있다.

❶ 자동사

자동사 구문은 기본적으로 목적격조사「を」를 취하지 못하나, 예외적으로「を」를 취하는 자동사도 있다. 일본어의 자동사 구문은 기본적으로 다음과 같은 구조로 되어 있다.

A. [〜が] 동사

가장 일반적인 자동사 구문으로, 일반적으로 이러한 종류의 동사는 앞에 조사「が」만을 필요로 한다.

　雨が 降る(비가 오다.), 子供が 泣く(아이가 울다.)

B. [〜が 〜に] 동사

「〜が〜に」를 취하는 동사는 목적어「を」가 없어서 자동사로 구분되나, 실질적인 역할은 타동사의 역할을 한다.

　犬が 人に 嚙みつく。(개가 사람을 물고 늘어지다.)
　いたずらっ子が 仏像に 触る。(장난꾸러기 아이가 불상을 만진다.)

C. [〜が 〜を] 이동동사

「〜が 〜を」를 취하는 동사는 일반적으로 타동사로 취급되지만, 이처럼 이동동사 구문에 쓰이는「を」는 목적어가 아니고,「출발점」이나「통과점」이라고 하는 장소를 나타내는「を」이다. 따라서 이러한 이동동사는「を」를 취한다 해도 자동사로 취급된다.

이동동사의 예

- 출발점 필요동사 : 出る(나오다, 나가다), 離れる(떠나가다), 卒業する(졸업하다), …
- 통과점 필요동사 : 渡る(건너다), 通る(통과하다), 越える(넘다), 登る(오르다),
  歩く(걷다), 走る(달리다), 飛ぶ(날다), 渡る(건너다)…

子供が家を出る。(아이가 집을 나오다.)
親もとを離れる。(부모 슬하를 떠나다.)
飛行機が空を飛ぶ。(비행기가 하늘을 날다.)
子供が橋を渡る。(아이가 다리를 건너다.)

❷ **타동사** : 일본어의 타동사 구문은 기본적으로 다음과 같은 구문 구조를 갖는다.

A. [〜が 〜を] 동사

兄が 弟を 殴る。(형이 동생을 때리다.)

B. [〜が 〜に 〜を] 동사

兄が 弟に 本を あげる。(형이 동생에게 책을 준다.)

C. [〜が 〜から 〜を] 동사

兄が 弟から 本を 奪う。(형이 동생한테서 책을 빼앗는다.)

❸ **양용동사** : 하나의 동사가 자·타동사 양쪽으로 다 쓰이는 동사를 양용동사라 한다. 따라서 이들 동사 앞에는 조사 「が」 또는 「を」 양쪽 모두 올 수 있다.

終わる, 変わる, 開く, 開店する, 開始する, 移転する, 発展する 등

(자동사) 10分後に、授業が終わります。(10분 후에 수업이 끝납니다.)

(타동사) これで授業を終わります。(이것으로 수업을 마치겠습니다.)

어휘력 jump

1. 소포는 언제쯤 도착합니까?
   _____。

2. 손님들은 상품을 보거나 만지거나 합니다.
   _____。

3. 이것으로 발표를 마치겠습니다.
   _____。

4. 그 장난감은 부서진 겁니까? 부순 겁니까?
   _____。

5. 지난주부터 수면시간을 3시간 줄였습니다.
   _____。

6. 집안의 불을 끄고, 초에 불을 붙입니다.
   _____。

7. 열린 문은 닫아 주세요. 그리고 닫힌 창문은 열어주세요.
   _____。

관련어휘 ●●▶

小包(こづつみ) : 소포	いつ頃(ごろ) : 언제쯤	届(とど)く : 닿다. 도착하다
商品(しょうひん) : 상품	触(さわ)る : 만지다	発表(はっぴょう) : 발표
おもちゃ : 장난감	壊(こわ)れる : 파손되다. 부서지다	壊(こわ)す : 부수다. 깨뜨리다
先週(せんしゅう) : 지난주	睡眠(すいみん) : 수면	減(へ)らす : 줄이다
家中(いえじゅう) : 집안	電気(でんき)を消(け)す : 불(전기)을 끄다	
キャンドル : 양초	火(ひ)をつける : 불을 붙이다	開(あ)く : 열리다
閉(し)める : 닫다	閉(し)まる : 닫히다	開(あ)ける : 열다

第9課　　　　진행의 ている

今やせるためにダイエットをしています
지금 살 빼려고 다이어트를 하고 있습니다

「～ている」는 우리말의「～고 있다」「～어 있다」에 해당하는 표현으로, 동작작용의 진행이나 결과상태를 나타낸다. 일반적으로「**타동사＋ている**」는 **동작의 진행**(～고 있다)을 나타내는 데 비해, 「**자동사＋ている**」는 해당 자동사의 성질에 따라 동작·작용의 **진행**(～고 있다)과 **동작의 결과 상태**(～어 있다), 양쪽 모두를 나타낼 수 있다. 동작·작용의 진행을 나타내는 유형에는 다음과 같은 것들이 있다.

❶「타동사＋ている」: ～고 있다(동작의 진행)

ドアを開けている。(문을 열고 있다.)
本を読んでいる。(책을 읽고 있다.)
シャワーをあびている。(샤워를 하고 있다.)

❷「자동사(계속동사)＋ている」: ～고 있다(동작·작용의 진행)

「자동사＋ている」는 동사의 속성, 즉, 「走る(달리다), 遊ぶ(놀다)」등과 같이, 동작이 순간적으로 성립하는 것이 아니고, 어느 정도의 일정 시간이라고 하는 과정 속에서 동작이 성립하는, 다시 말하면 계속적인 동작에 중점을 두는 계속동사에「ている」가 연결되면 동작의 진행을 나타낸다.

人が走っている。(사람이 달리고 있다)
鳥が飛んでいる。(새가 날고 있다)
雪が降っている。(눈이 내리고 있다)

＊「결과상태」를 나타내는「자동사＋ている」에 대해서는 다음 과를 참조 바람.

Check Point

- **계속동사** : 일정 시간동안 동작이 계속되어야만 동작이 성립이 되는 자・타동사

  走る(달리다), 歩く(걷다), 泣く(울다), 遊ぶ(놀다), 燃える(타다), (雨が)降る((비가)오다), (風が)吹く((바람이)불다), 読む(읽다), 食べる(먹다), 書く(쓰다), 開ける(열다)……

- 「～ている」의 파생적 의미용법

  「～ている」는 파생적으로 「반복」「경험」「단순한 상태」 등의 용법도 있다.

  ① **반복**
  私は毎朝天気予報を聞いている。(나는 매일 아침 일기예보를 듣는다.)
  戦争で、毎日多くの人が死んでいる。(전쟁에서 매일 많은 사람이 죽어가고 있다.)

  ② **경험**
  私は3年前に富士山に登っている。[=登ったことがある]
  (나는 3년 전에 후지산에 오른 적이 있다.)
  私は5年前にその論文を書いている。[=書いたことがある]
  (나는 5년 전에 그 논문을 쓴 적이 있다.)

  ☞ 이러한 경우의 「～ている」는 「～たことがある(~한 적이 있다)」로 바꾸어 쓸 수 있다.

  ③ **단순한 상태**(원래부터 그런 상태임(닮은 상태, 뛰어난 상태)을 나타낸다)
  彼はお母さんに似ている。(그는 엄마를 닮았다.)
  彼は優れている。(그는 뛰어나다.)

  ☞ 이러한 종류의 동사로 문장을 마칠 때는 항상 「ている」를 붙여 쓴다.

  > 이 외에도 다음과 같은 동사 등도 일반적으로 「ている」를 붙여 쓴다.
  > よく知っている (잘 안다) [知る]
  > 住んでいる (살고 있다) [住む]
  > 結婚している (결혼했다) [結婚する]

어휘력 jump

1. 다나카(田中) 씨는 지금 슈퍼에서 식료품을 사고 있습니다.
   _____。

2. 나카무라(中村) 씨는 아까부터 계속 울고 있습니다.
   _____。

3. 「당신은 어젯밤, 무엇을 하고 있었습니까?」「TV를 보고 있었습니다」
   _____。

4. 오늘은 아침부터 비가 내리고 있습니다. 바람도 불고 있습니다.
   _____。

5. 기무라(木村) 군은 항상(아침저녁으로) 부모님의 일을 돕고 있습니다.
   _____。

6. 이노우에(井上) 씨는 지난달부터 결혼식장에서 아르바이트를 하고 있습니다.
   _____。

7. 공장의 기계는 하루에 12시간 움직이고 있습니다.
   _____。

관련어휘 •••

スーパー : 슈퍼
さっきから : 아까부터
昨夜(ゆうべ) : 어젯밤
朝晩(あさばん) : 밤낮으로, 항상
先月(せんげつ) : 지난달
工場(こうじょう) : 공장
動(うご)く : 움직이다, 작동하다

食料品(しょくりょうひん) : 식료품
ずっと : 계속, 훨씬
降(ふ)る : (비가) 내리다
両親(りょうしん) : 부모
結婚式場(けっこんしきじょう) : 결혼식장
機械(きかい) : 기계

買(か)う : 사다
泣(な)く : 울다
吹(ふ)く : (바람이) 불다
手伝(てつだ)う : 같이 거들다, 돕다
一日(いちにち)に : 하루에

第10課 　　　　　결과상태의 ている

お客さんはトリックを知っている
손님들은 속임수를 알고 있다

❶ **순간동사(자동사의 일부)＋ている : ~어 있다(결과상태)**

① 자동사의 일부인 **순간동사**에 「**~ている**」가 연결되면 **결과상태의 지속**을 나타내어 우리말로는 「~어 있다」로 해석된다.

　　子犬が死んでいる。(강아지가 죽어 있다.)
　　財布が落ちている。(지갑이 떨어져 있다.)
　　妹は結婚している。(여동생은 결혼했다.)

② 「行く, 来る, 帰る」 등의 동사는 계속동사인 「歩く, 走る」 등과 같이 동작을 나타내는 동사이지만, 어디서 동작을 중단해도 동작이 성립되는 「歩く, 走る」와 달리, 「行く, 来る, 帰る」는 해당 목적지에 도달하는 순간 동작이 성립하는 순간동사이다. 따라서 이들 순간동사에 ている가 연결되면 결과상태를 나타내, 「~어 있다」로 해석하는 게 일반적이다.

　　姉はアメリカに行っている。(누나는 미국에 가 있다.)
　　兄は家に帰っている。(형은 집에 돌아와 있다.)
　※(○) 学校で10分間走った。(학교에서 10분간 뛰었다.)
　　(×) 学校に走っている。(학교에 뛰고 있다.)
　　(×) 学校で10分間行った。(학교에서 10분간 갔다.)
　　(○) 学校に行っている。(학교에 가 있다.)

동작의 진행을 나타내는 「~ている」앞에 오는 장소는 「で」로 표시하고, 결과 상태를 나타내는 「~ている」앞에 오는 장소는 「に」로 표시하는 것이 보통이다.

Check Point

- 순간동사 : 동작이 과정성 없이 순간적으로 성립하는 자동사

  死ぬ(죽다), 開く(열리다), 座る(앉다), 落ちる(떨어지다), 出る(나가다), 卒業する(졸업하다), 着く(도착하다), 行く(가다), 来る(오다), 帰る(돌아가다), 寝る(자다), 終わる(끝나다)……

- 「문이 열리고 있다」「나뭇잎이 떨어지고 있다」「학교에 가고 있다」

  「ドアが開いている」「木の葉が落ちている」「学校に行っている」에 쓰이고 있는 동사가 순간동사이기 때문에, 일반적으로는 세 문장 모두 결과 상태(~어 있다)로 해석된다. 그러나 이러한 순간동사도 과정성을 갖게 하는 보조적인 표현(과정성을 갖게 하는 부사나 조동사)과 함께 쓰이면 동작의 진행을 나타낼 수도 있다.

  ドアがゆっくりと開いている。(문이 천천히 열리고 있다.)
  木の葉がひらひらと落ちている。(나뭇잎이 팔랑팔랑 떨어지고 있다.)
  学校に行っているところだ。(학교에 가고 있는 중이다.)
  人が死につつある。(사람이 죽어가고 있다.)

- 「山に登っている」 VS 「山を登っている」

  登る와 같은 이동동사는 동작 결과의 존재 장소인「~に」나, 동작 진행 중의 통과 장소를 나타내는「~を」양쪽 모두를 취할 수 있는 자동사이다. 따라서 전자「~に」와 함께 쓰이면 결과상태가 되어「산의 정상에 올라 있다」로 해석되며, 후자「~を」와 함께 쓰이면 동작의 진행을 나타내어「산을 오르고 있다」로 해석된다.

- 「落ちている」 VS 「落ちた」

  어제 분 바람으로 벚꽃이 꽤 많이 떨어졌다.
  a. 昨日の風で、桜の花がだいぶ落ちている。
  b. 昨日の風で、桜の花がだいぶ落ちた。

위의 우리말에 대한 일본어 작문으로는 b는 부적합하고, 기본적으로 변화가 일어난 후의 결과상태가 지속됨을 나타내는 「순간동사＋ている」를 사용해야 한다. 이와 비슷한 예로는 다음과 같은 것이 있다.

　　방이 깨끗하게 정리되어 있네.
　　a. 部屋がきれいに片付いているな。
　　b. 部屋がきれいに片付いたな。

방이 어질러져 있었던 것을 본 사람에 한해서는 b도 사용할 수 있으나, 전에는 어떤 상황이었는지는 모르나, 단순히 방이 잘 정리되어 있음을 나타낼 때는 a를 사용한다.

또한 「순간동사＋ていた」의 형태로, 다음과 같이 사실과 반대됨을 나타내는 反事実(현실과 반대되는 사실)을 나타내는 경우도 있다.

　　彼がいなければ、彼女は死んでいた。(反事実)
　　그가 없었으면 그녀는 죽었을 것이다[그러나 사실은 죽지 않았다].

어휘력 jump

1. 나는 친구에게 돈을 빌렸습니다(빌린 상태입니다).
   _____.

2. 가토(加藤) 씨는 연상의 여인과 결혼했습니다.
   _____.

3. 형은 업무 차 인도네시아에 가 있고, 누나는 공부하러 미국에 가 있다.
   _____.

4. 정원에 예쁜 꽃이 많이 피어 있습니다.
   _____.

5. 어제와 달리 오늘은 아침부터 날씨가 흐립니다.
   _____.

6. 이제 비는 그쳤습니다. 그럼 다시 시작 합시다.
   _____.

7. 내 마음은 죽었다. 아~ 실연당한 가엾은 나!!
   _____.

관련어휘 ●▶▶

借(か)りる : 빌리다　　　　　年上(としうえ)の女(おんな) : 연상의 여인
仕事(しごと)で : 업무 차　　インドネシア : 인도네시아　　庭(にわ) : 정원
たくさん : 많이　　　　　　咲(さ)く : 피다　　　　　　～と違(ちが)って : ～와 달리
曇(くも)る : 흐리다　　　　もう : 이제, 벌써　　　　　止(や)む : 그치다
それでは : 그러면　　　　　始(はじ)める : 시작하다　　心(こころ) : 마음
死(し)ぬ : 죽다　　　　　　恋(こい)に破(やぶ)れる : 실연당하다　　可愛(かわい)そうだ : 가엾다, 불쌍하다

第11課　　　　　　　　　　　たい・たがる

彼女に会いたくて仕事が進みません
그녀가 보고 싶어서, 일이 진척되지 않는다

❶ 의미

~たい　~싶다(1인칭, 2인칭)　　　~たがる　~싶어하다(3인칭)

❷ 접속

~たい　동사의 ます형　　　~たがる　동사의 ます형

❸ 용법

ⓐ「~が(を) 동사ます형＋たい」의 형태로 화자의 희망이나 욕구를 나타낼 때 쓰인다. 희망의 대상은 원칙적으로「が」를 사용하나, 전반적으로 현대 일본어에서는「を」를 사용하는 경우가 더 많다고 할 수 있다.

今日は肉が食べたいです。(오늘은 고기를 먹고 싶습니다.)
アフリカへ行って、動物の写真を撮りたい。(아프리카에 가서, 동물 사진을 찍고 싶다.)
あなたは今度の日曜日に何をしたいですか。(당신은 이번 일요일에 무엇을 하고 싶습니까?)

ⓑ「水が飲みたい」VS「水を飲みたい」

「~が~たい」는「が」부분에,「~を~たい」는「を」부분에 화자의 표현의도가 있다. 따라서 같은 문장을「~が~たい」로 표현할 때는 '욕구의 구체적인 대상물에 중점'을 둔다는 의식을 갖고 쓰며,「~を~たい」로 표현할 때는 '동작 전체에 중점'을 둔다는 의식이 강할 때 쓰인다고 할 수 있다.

何が飲みたいの。　➡　私は、水が飲みたい。(私が飲みたいのは、水だ)[대상물에 중점]
何がしたいの。　➡　私は水を飲みたい。(私は水を飲む＋たい)[동작전체에 중점]

ⓒ 「~을 동사의 ます형＋たがる(たがっている)」의 형태로, 제3자의 희망이나 바람, 또는 욕구를 나타낸다. 보통 제3자의 희망이 현 시점에서의 개인적인 희망일 경우에는 「~たがっている」를 사용하며, 공통적으로 희망하는 사안일 경우에는 「~たがる」를 사용한다.

    彼はお茶を飲みたがっている。(그는 차를 마시고 싶어한다.)[개인적 희망]
    彼女は生け花を習いたがっている。(그녀는 꽃꽂이를 배우고 싶어한다.)[개인적 희망]
    子供たちは甘いものを食べたがる。(아이들은 단 것을 먹고 싶어한다.)[보편적 희망]

ⓓ 「なる、会う、住む、行く……」와 같이 원래부터 「に」를 취하는 동사는 「~に ~たい」를, 「結婚する」등과 같은 동사는 「~と ~たい」를 사용한다.

    明日は彼女に会いたい。(내일은 그녀를 만나고 싶다.)
    彼女と結婚したい。(그녀와 결혼하고 싶다.)

Check Point

「たい/たがる」와 거의 비슷한 희망 표현으로는 「ほしい・ほしがる」가 있다.

① 「~が 명사＋ほしい」의 형태로 화자가 사물이나 상황, 또는 다른 사람을 소유하고 싶다고 하는 희망을 나타낸다.

    私は、車がほしい。(나는 차를 사고(갖고) 싶다.)
    私も、恋人がほしい。(나도 애인이 있었으면 좋겠다.)

② 「~を 명사＋ほしがる(ほしがっている)」의 형태로 화자가 아닌 제3자의 희망을 나타낸다. 보통 제3자의 희망이 현 시점에서의 개인적인 희망일 경우에는 「~ほしがっている」를 사용하며, 보편적이고 공통적으로 희망하는 사안일 경우에는 「~ほしがる」를 사용한다.

    彼は、車をほしがっている。(그는 차를 갖고 싶어한다.)[개인적 희망]
    子供たちは、おもちゃをほしがる。(아이들은 장난감을 갖고 싶어한다.)[보편적 희망]

어휘력 jump

1. 나는 노래방에서 노래를 부르고 싶습니다.
   _____。

2. 아까부터 고양이가 밖에 나가고 싶어 합니다.
   _____。

3. 매일 날씨가 무더워서, 머리를 자르고 싶습니다.
   _____。

4. 목이 말라서 물을 마시고 싶다.
   _____。

5. 우리 아이는 그다지 다른 사람들과 만나고(사귀고) 싶어 하지 않습니다.
   _____。

6. 남동생은 고기를 먹고 싶어 하지만 나는 생선회를 먹고 싶다.
   _____。

7. 요즈음에는 아이들도 휴대전화를 갖고 싶어 합니다.
   _____。

관련어휘 •••▶

カラオケ : 가라오케, 노래방
外(そと) : 바깥
髪(かみ)を切(き)る : 머리를 자르다
あまり : 그다지(부정표현 수반)
肉(にく) : 고기
携帯(けいたい) : 휴대전화

歌(うた) : 노래
毎日(まいにち) : 매일
のどが渇く(かわ)く : 목이 마르다
付(つ)き合(あ)う : 사귀다, 만나다
さしみ : 생선회
ほしがる : 원하다

歌(うた)う : 노래하다
むし暑(あつ)い : 무덥다
水(みず) : 물, 찬물
弟(おとうと) : 남동생
このごろ : 요즈음

第12課　から・ので(원인, 이유)

ダイエット中なので、晩ごはんは食べません
다이어트 중이기 때문에 저녁은 안 먹습니다

❶ 의미

~하기 때문에, ~하니까

❷ 접속

から : 동사·い형용사·な형용사·조동사의 사전형

ので : 동사·い형용사의 사전형, な형용사·조동사의 명사 수식형
(명사(대명사)의 경우는 「명사＋なので」)

❸ 용법

A. 「から」

① 이유, 원인을 말할 때 쓰는 표현 중의 하나인 「から」는, 뒤에 오는 내용의 성립에 대한 근거나 이유를 앞의 문장에서 적극적이고도 주관적으로 설명할 때 쓰인다. 따라서 같은 원인·이유표현인 「ので」보다 상대방에게 강한 인상을 준다.

　危ないから、気をつけなさい。(위험하니까 주의하세요.)
　昨日は熱があったから、休みました。(어제는 열이 있어서 쉬었습니다.)
　☞「ので」설명 참조

② 「から」는 적극적인 자기주장의 색채가 짙으므로, 화자가 「명령, 금지, 권유」의 이유를 표현할 때 많이 사용된다. 이 경우 「ので」를 사용하면 어색한 표현이 된다.

　うるさいから、廊下では走るな。(시끄러우니까 복도에서 뛰지 마라.)
　天気がいいから、出かけましょう。(날씨가 좋으니까 나가자.)

③ 「から」는 「명령, 금지, 권유」 외에도 「의견, 추측, 의지, 희망, 의뢰」 등 화자의 주관적인 발언을 하게 된 근거나 이유를 말할 때에도 사용된다. 따라서 「から」는 「～てください(해주세요), ～たい(하고 싶다), ～ほしい(원한다), ～でしょう(겠죠), ～と思う(것 같다), ～だろう(겠죠)」 등과 같은 표현이 뒤에 오는 경우가 많다. 그러나 이러한 경우 「から」를 쓰게 되면, 화자의 자기주장이 너무 강하게 느껴질 수 있으므로, 상대방에게 이러한 느낌을 주고 싶지 않을 때는 「ので」를 사용하는 것이 좋다.

　　タバコは体に悪いから、やめてください。(담배는 몸에 나쁘니까, 끊으세요.)
　　日曜日だから、来ないでしょう。(일요일이니까 오지 않겠죠.)
　　もう古いから、新しい自動車がほしい。(이제 낡아서, 새 자동차를 갖고 싶다.)

B. 「ので」

① 「ので」와 「から」는 서로 바꾸어 쓸 수 있는 경우가 많다. 그러나 「ので」는 앞의 사안과 뒤의 사안을 하나의 사실로 파악해, 원인이나 이유를 「から」와 같이 강력하게 주장하지 않는다는 점에서 정중한 표현이라고 하는 인상을 준다.

　　途中で交通事故があったので、遅刻しました。(도중에 교통사고가 있어서 지각했습니다.)
　　*昨日は熱があったので、休みました。(어제는 열이 있어서 쉬었습니다.)[「から」①과 비교]

* 「ので」와 「から」의 특성상, 선생님이나 직장 상사가 결석이유를 물어보면 「ので」를 쓰는 게 바람직하며, 친구나 동료가 물어보면 「から」를 써도 무방하다고 할 수 있겠다.

② 이유, 원인이 자신뿐만이 아니라, 누구나 그렇게 생각되어지는 일반적이고 객관적인 경우에 많이 사용된다. 따라서 상대방에게 뭔가를 부탁하거나 거절 또는 변명을 할 때는 「ので」를 쓰는 것이 좋다. 또한 여성의 경우는 자신의 감정을 강하게 나타내는 것을 꺼려하므로 「から」보다는 「ので」를 많이 사용한다. 「ので」는 회화체에서 「んで」를 많이 쓴다.

　　夏なので、暑いです。(여름이기 때문에, 덥습니다.)
　　今日は暑いので、クーラーをつけました。(오늘은 덥기 때문에, 에어컨을 켰습니다.)
　　ちょっと用事があるので、お先に失礼します。(좀 일이 있어서, 먼저 실례하겠습니다.)

어휘력 jump

1. 지각하니까, 빨리 일어나세요.
   _____。

2. 두 번 다시 거짓말은 안 할 테니까, 용서해 주십시오.
   _____。

3. 이듬해 봄에 고등학교를 졸업하기 때문에, 지금 진로에 대해서 생각하고 있습니다.
   _____。

4. 오늘은 매우 피곤하니까, 집에 돌아가서 일찍 자겠습니다.
   _____。

5. 편지로 고백해도 반응이 없어서 정말 걱정입니다.
   _____。

6. 태풍이 다가오고 있기 때문에, 사람들은 되도록 외출을 하지 않습니다.
   _____。

7. 장마가 끝났기 때문에, 이제부터 매우 더워집니다.
   _____。

관련어휘 •••

遅刻(ちこく) : 지각
嘘(うそ)を言(い)う[つく] : 거짓말하다
高校(こうこう) : 고등학교
~について : 에 대해서
告白(こくはく) : 고백
台風(たいふう) : 태풍
できるだけ : 되도록

起(お)きる : 일어나다
許(ゆる)す : 용서하다
卒業(そつぎょう) : 졸업
考(かんが)える : 생각하다
返事(へんじ) : 대답, 반응
近付(ちかづ)く : 접근하다, 다가오다
外出(がいしゅつ) : 외출

もう二度(にど)と : 두 번 다시
来春(らいしゅん) : 이듬해 봄
進路(しんろ) : 진로
疲(つか)れる : 피곤하다
心配(しんぱい) : 걱정
人々(ひとびと) : 사람들
梅雨(つゆ)が明(あ)ける : 장마가 개다

第13課　ため(に)(원인, 목적)

犯人から逃げるため、一緒懸命走った
범인으로부터 도망치기위해 열심히 달렸다

❶ 의미

[원인] ~하기 때문에, ~하니까
[목적] ~하기 위하여

❷ 접속

[원인] 동사의 사전형, い형용사의 사전형, な형용사의 명사수식형, 명사+の
[목적] 동사의 사전형, 명사+の

❸ 용법

A. 원인의「ために」

① 문장체에서 많이 쓰이며,「から」나「ので」로 바꾸어 쓸 수 있는 경우와, 바꾸어 쓸 수 없는 경우가 있는데, 다음에 드는 예는「から」나「ので」로 바꾸어 쓸 수 있는 예이다.

　台風が近づいている**ために**波が高くなっている。
　(태풍이 다가오고 있어서 파도가 높아지고 있다.)
　問題が難しかった**ため**、成績がよくないです。
　(문제가 어려워서 성적이 좋지 않습니다.)

②「ため(に)」와「から」또는「ので」와의 상이점은 다음과 같다.

　a. ため(に)뒤에는 의지, 의뢰, 권유, 명령표현은 오지 않는다.

　　暑い{(○)**から**/(×)**ために**}、窓を開けてください。(더우니까 창문을 열어 주세요.)
　　天気がいい{(○)**から**/(×)**ために**}、出かけましょう。(날씨가 좋으니까 나갑시다.)

b. 확실치 않은 근거를 이유로 들 수 없다.

雪が降るらしい{(○)から/(×)ために}、車で行くのをやめた。
(눈이 올 것 같아서, 차로 가는 걸 포기했다.)

彼ももう帰った{(○)ようだから/(×)ようなために}、我々も帰りましょう。
(그도 돌아간 것 같으니까, 우리도 돌아갑시다.)

※「~ようだ」에 대한 자세한 설명은 32과 참조.

c. ために는 ので와 마찬가지로 사실관계를 객관적으로 서술할 경우에 쓰이나, ので의 경우와는 달리, 부드러운 인상이나 완곡한 느낌은 주지 못한다.

犯行を認めたため、彼を殺害の疑いで逮捕した。
(범행을 인정했기 때문에, 그를 살해혐의로 체포했다.)

B. 목적의 「ために」

① 앞에 오는 내용은 뒤에 오는 내용의 목적을 나타낸다.

家を買うために、貯蓄する。(집을 사기 위해 저축을 한다.)
試験に合格するために、一生懸命に勉強する。 (시험에 합격하기 위해 열심히 공부한다.)

② ために의 앞에 오는 문장의 동사는 현재형임과 동시에 의지동사가 와야 한다. 또한 뒤에 오는 문장에도 의지동사가 온다.

恋人にあげるために、ケーキを作った。(애인에게 주기 위해 케이크를 만들었다.)
疲れをいやすために、サウナへ行った。(피로를 풀기 위해 사우나에 갔다.)
(×)雨が降るために、祈りました。(비가 오기 위해서 기도했다.)

---

* **의지동사** : 사람의 의지로 해당행위의 통제가 가능한 동사를 말한다.

　　의지동사　話す(이야기하다), 食べる(먹다), 読む(읽다), ……
　　무의지동사　こわれる(부서지다), 切れる(끊기다), 折れる(부러지다), ……

③ 경우에 따라서는 「ために」가 목적으로 쓰이고 있는지, 원인·이유로 쓰이고 있는지 구별하기 힘들 때가 있다. 그러나 **ために의 앞에 오는 문장의 동사가 과거형일 때는 반드시 이유를 나타낸다.**

- 結婚(けっこん)する**ために**仕事(しごと)をやめる。(목적 : 결혼을 하기 위해 일을 그만두다.)
  (이유 : 결혼하기 때문에 일을 그만두다.)
- 結婚(けっこん)した**ために**仕事(しごと)をやめる。(이유 : 결혼했기 때문에 일을 그만두다.)

④ ため의 뒤에 명사가 와 ための(~을 위한)의 형태로 쓰이는 일도 있다.

国民(こくみん)の、国民(こくみん)の**ための**、国民(こくみん)による政治(せいじ)。(국민의, 국민을 위한, 국민에 의한 정치.)

これは晩(ばん)ご飯(はん)の**ための**お肉(にく)です。(이것은 저녁을 만들기 위한 고기입니다.)

어휘력 jump

1. 일본 학생의 대부분은 놀기 위해서, 아르바이트를 합니다(하고 있습니다).
   _____。

2. 다나카(田中) 씨는 돈을 빌리기 위해서, 은행에 갔습니다.
   _____。

3. 커피는 졸음을 쫓는 데 효과가 있습니다.
   _____。

4. 당신은 무엇을 하기 위해서 살고 있습니까?
   _____。

5. 알람시계 맞춰 두는 것을 깜박해서, 늦잠을 잤습니다.
   _____。

6. 오늘의 야구시합은 비 때문에 중지되었습니다.
   _____。

7. 나는 사람 만나는 일을 잘 못해서 혼자 있는 일이 많습니다.
   _____。

관련어휘 ●●▶

大部分(だいぶぶん) : 대부분
銀行(ぎんこう) : 은행
効(き)き目(め) : 효과
目覚(めざ)まし時計(どけい)をかける : 알람시계를 맞춰놓다
寝坊(ねぼう)する : 늦잠자다
中止(ちゅうし) : 중지
苦手(にがて)だ : 잘 못하다, 서툴다

遊(あそ)ぶ : 놀다
眠気(ねむけ) : 졸음
生(い)きる : 살다, 생존하다
野球(やきゅう) : 야구
人(ひと)付(つ)き合(あ)い : 사람 만나는 것, 교제, 사귐
一人(ひとり)で : 혼자서

借(か)りる : 빌리다
覚(さ)ます : 깨우다
忘(わす)れる : 잊다, 깜빡하다
試合(しあい) : 시합

第14課　가능표현(～ことができる)

ワールドカップを現地で見ることができる
월드컵을 현지에서 볼 수 있다

❶ 가능표현

① 동사의 명사수식형＋「ことができる」[문어체에서 많이 쓰인다]

私は日本語を読むことができる。(나는 일본어를 읽을 줄 안다.)

あの子は泳ぐことができる。(저 아이는 수영 할 줄 안다.)

② する동사의 명사부분, 또는 외국어, 악기, 스포츠 등의 명사＋「ができる」

もう今は軽い運動ができる。(지금은 이제 가벼운 운동은 할 수 있다.)

私は日本語ができる。(나는 일본어를 할 줄 안다.)

❷ 가능표현의 의미상 분류

① 행위자 자신이 어떤 행위를 할 수 있는 기술적, 신체적인 능력의 유무를 문제시하는 표현

あなたは日本語を話すことができますか。(당신은 일본어를 할 줄 압니까?)

勇敢な彼は危険な仕事もできます。(용감한 그는 위험한 일도 할 수 있습니다.)

② 어떤 상황 하에서 그 행위의 실현 가능여부를 문제시하는 표현.

ペンも鉛筆もないから書くことができません。(펜도 연필도 없기 때문에 쓸 수 없습니다.)

19歳以上は、居酒屋に入ることができる。(19살 이상은 술집에 들어갈 수 있다.)

③ 행위의 대상이 되는 물건에 그 행위를 실현 가능하게 할 수 있는 성능이나 기능의 유무.

このきのこ、食べることができますか。(이 버섯은 먹을 수 있습니까?)

使うことができる品物はゴミと分離してください。(사용할 수 있는 물건은 쓰레기와 분리해 주세요.)

❸ 가능동사

　가능을 나타내는 표현에는 「〜ことができる」라고 하는 「가능표현」 외에도, 다음과 같이 1그룹동사의 경우 어미를 「え단」으로 고쳐 「る」를 붙이거나, 2그룹동사의 경우 어미 「る」를 없애고 「られる」를 붙이거나, 3그룹동사 「来る」는 「こられる, これる」로 만드는 가능동사가 있다. 이는 회화체 표현에서 많이 쓰인다.

　　私は日本語が読める。 (나는 일본어를 읽을 수 있다.)
　　私は納豆が食べられる。 (나는 낫토를 먹을 수 있다.)
　　明日 来られますか(来れますか)。 (내일 올 수 있습니까?)

　☞ 가능동사에 대해서는 37과에서 좀 더 자세히 다루기로 한다.

Check Point

- 동사ます형+「にくい」「づらい」「がたい」: 「〜하기 어렵다(안 좋다, 힘들다)」

　　この薬は苦くて飲みにくい。 (이 약은 써서 먹기 어렵다.)
　　字が小さくて読みにくい。 (글씨가 작아서 읽기 힘들다.)
　　この町は空気が汚くて住みづらい。 (이 마을은 공기가 나빠서 살기 안 좋다.)
　　信じがたい話だが、ほんとうだ。 (믿기 어려운 이야기지만, 사실이다.)

- 「にくい」 등과 반대의 의미를 갖는 말로는 「동사ます형+やすい(〜하기 쉽다)」가 있다.

　　この辞書は字が大きくて、引きやすい。 (이 사전은 글씨가 커서 찾기 쉽다.)
　　ガラスはこわれやすい。 (유리는 깨지기 쉽다.)
　　このお酒は飲みやすい。 (이 술은 마시기 편하다[목넘김이 좋다].)

어휘력 jump

1. 미성년자는 술을 마실 수 없습니다.
   _____.

2. 신칸센(新幹線) 지정석표는 1개월 전부터 예약할 수 있습니다.
   _____.

3. 우리 학교에서는 수업료를 1개월씩 (분할해서) 납부할 수 있습니다.
   _____.

4. 아파트나 맨션에서는 개나 고양이를 키울 수 없습니다.
   _____.

5. 유학생은 통학 정기권을 이용할 수 없습니까?
   _____.

6. 외국인도 국민 건강 보험에 가입할 수 있습니까?
   _____.

7. 신발이 너무 커서 걷기 힘듭니다.
   _____.

관련어휘 ●●▶

未成年者(みせいねんしゃ) : 미성년자
指定席券(していせきけん) : 지정석표
～ずつ : ～씩
飼(か)う : 기르다
通学定期券(つうがくていきけん) : 통학정기권
外国人(がいこくじん) : 외국인
保険(ほけん) : 보험
～すぎる : 너무 ～하다

飲(の)む : 마시다
予約(よやく) : 예약
納(おさ)める : 바치다. 납부하다
留学生(りゅうがくせい) : 유학생
国民(こくみん) : 국민
加入(かにゅう) : 가입
歩(ある)く : 걷다

新幹線(しんかんせん) : 신칸센
授業料(じゅぎょうりょう) : 수업료
マンション : 맨션
利用(りよう) : 이용
健康(けんこう) : 건강
靴(くつ) : 신발
～にくい : ～하기 힘들다

第15課　なくて・ないで(ずに)

彼は箸を使わないで、ご飯を食べます
그는 젓가락을 사용하지 않고 밥을 먹습니다

---

❶ 의미

~なくて　　~없어서, ~아니어서, ~않아서
~ないで　　~않고, ~말고

❷ 접속

~なくて　　동사의 ない형(어미를 あ단으로 고친 형태)＋なくて,
　　　　　い형용사く형＋なくて, 명사な형용사＋でなくて
~ないで　　동사의 ない형(어미를 あ단으로 고친 형태)

❸ 용법

A.「なくて」

① 앞 문장의 내용이 성립하지 않는 것이 원인이나 이유가 되어, 뒷 문장의 내용과 같은 결과를 초래하게 되었다고 하는 전후 내용의 원인 결과 관계를 나타낸다. 때문에「ないので」「ないから」로 바꾸어 쓸 수 있다.

私は金さんの住所が分からなくて困っている。 (나는 김씨의 주소를 몰라서 난처해하고 있다.)
子供の体が丈夫でなくて心配だ。 (아이 몸이 튼튼하지 않아서 걱정이다.)
本がおもしろくなくて眠たくなった。 (책이 재미없어서 졸음이 왔다.)

② 부정표현의 중지형(て형)의 형태로, 사용되기도 하는 데, 이 경우의「なくて」는 원인·이유를 나타내는 표현이 아니므로,「ないので」「ないから」로 바꾸어 쓸 수 없으며,

「なくて」에서「て」가 생략되는 일도 있다.

犯人は彼ではなく(て)、他の人だった。(범인은 그가 아니고, 다른 사람이었다.)
彼女は先生ではなく(て)、学生だった。(그녀는 선생님이 아니고, 학생이었다.)
今までのは序論にすぎなく(て)、これからが本論だ。
(지금까지는 서론에 지나지 않고, 지금부터가 본론이다.)

③「～대신에」라고 하는 대비적인 의미를 나타내는 표현인 경우에는「なくて」나「ないで」양쪽 모두 쓸 수 있다.

私が行か{なくて/ないで}、弟が行った。(내가 가지 않고 남동생이 갔다.)
彼が合格し{なくて/ないで}、彼女が合格した。(그가 합격하지 않고, 그녀가 합격했다.)
この本は難しく{なくて/ないで}、その本は難しい。(이 책은 어렵지 않고, 그 책은 어렵다.)

④「なくて」는「てもいい」「てはいけない(てはならない)」등에 붙어 사용되는 일도 있다.

そんなに急がなくてもいい。(그렇게 서두르지 않아도 된다.)
人は働かなくてはならない。(사람은 일을 해야 한다.)

B. 「ないで(ずに)」

① 뒷 문장의 내용이 실현될 때의 상황이나 방법(수단) 등을, 앞 문장에서 나타내는 경우에 쓰인다. 즉「ないで」는「그러한 상태로」라고 하는 부대상황의 의미를 나타낸다. 또한 이 경우의「ないで」는「ず(に)」로 바꾸어 쓸 수 있다.

泣かないで(泣かずに)話してください。(울지 말고 이야기해 주세요.)
彼は何も言わないで(言わずに)、外に出てしまった。
(그는 아무 말도 하지 않고 밖으로 나가버렸다.)
彼女は結婚しないで(せずに)独身で暮らしている。(그녀는 결혼하지 않고 독신생활을 하고 있다.)

② 「ください(주세요)」나, 「ほしい(원하다)」 등과 연결되면, 각각 「ないでください(하지 말아 주세요)」 「ないでほしい(하지 말아 주기 바란다)」 등 부드러운 의뢰, 희망, 명령의 의미를 나타낸다. 또한 「ないで」의 형태만으로도 이러한 의미를 나타낼 수 있다.

この部屋には入らないでください。(이 방에는 들어오지 말아 주세요.)

これ以上は何も言わないでほしい。(이 이상은 아무 말도 하지 말아 줘.)

今は何も聞かないで。(지금은 아무 것도 묻지 말아 줘.)

어휘력 jump

1. 나는 껍질을 벗기지 않고 사과를 먹습니다.
   _____。

2. 그는 안전벨트를 매지 않고 차를 운전 했습니다.
   _____。

3. 몸을 씻지 않고 욕조에 들어가는 사람도 있습니다.
   _____。

4. 이노우에(井上) 씨는 한눈팔지 않고 열심히 공부하고 있습니다.
   _____。

5. 오후에도 비가 그치지 않아서, 축제는 중단되었습니다.
   _____。

6. 오늘은 전철이 붐비지 않아서, 다행이군요.
   _____。

7. 전혀 햇볕이 들지 않아서, 내 방은 매우 어둡습니다.
   _____。

관련어휘 ●●▶

皮(かわ) : 껍질, 가죽
運転(うんてん) : 운전
湯船(ゆぶね) : 욕조
脇目(わきめ)も振(ふ)らない : 한눈팔지 않다
止(や)む : 멈추다
混(こ)む : 붐비다
日(ひ)が当(あ)たる : 햇볕이 들다

剥(む)く : 벗기다, 까다
体(からだ) : 몸
入(はい)る : 들어가(오)다

お祭(まつ)り : 축제
助(たす)かる : 살아나다, 다행이다
暗(くら)い : 어둡다

シートベルトをする : 안전벨트를 매다
洗(あら)う : 씻다

午後(ごご) : 오후
中止(ちゅうし) : 중지, 중단
全然(ぜんぜん) : 전혀

第16課　う(よう)

いい天気だから散歩にでも行こう
날씨가 좋으니까 산책이라도 하러 가자

❶ 의미

~하자 / ~해야지 / ~이(하)겠지, ~일(할)거야

❷ 접속

품사의 종류	접속형태	예문
1그룹동사	어미를 お단으로+う	書こう(써야지, 쓰자), 読もう(읽어야지, 읽자)
2그룹동사	る를 빼고+よう	見よう(봐야지, 보자), 食べよう(먹어야지, 먹자)
3그룹동사	する→しよう くる→こよう	しよう(해야지, 하자), 来よう(와야지, 오자)
1, 2, 3그룹동사	사전형+だろう	学校へ行くだろう(학교에 가겠지)
명사	+だろう	学生だろう(학생이겠지)
い형용사	어간+かろう 사전형+だろう	美しかろう(아름답겠지) 美しいだろう(아름답겠지)
な형용사	어간+だろう	静かだろう(조용하겠지)
조동사	です→でしょう ます→ましょう	学生でしょう(학생이겠죠) 行きましょう(갑시다)

❸ 용법

① 화자의 **의지**나 **의향**을 나타낸다.

疲れたから、早く帰ろう。 (피곤하니까, 빨리 돌아가야지.)
昼御飯は、何にしようかな。 (점심식사는 무엇으로 할까?)

こんなややこしい仕事、辞めよう。 (이런 까다로운 일 그만둬야지.)

② 타인에 대한 **권유**를 나타낸다.
みんな、英語で遊ぼう。 (모두 영어로 놀자.)
明日、いっしょに花見に行こう。 (내일, 함께 꽃구경하러 가자.)
今晩7時に駅前の喫茶店で会いましょう。 (오늘 밤 7시에 역 앞 커피숍에서 봅시다.)
その荷物、私が持とうか。 (그 짐, 내가 들까?)

③ 화자의 **추측**을 나타낸다.
い형용사, な형용사, 명사 등에 접속될 경우에는 의지나 권유의 의미를 나타내지 못하고, 화자의 주관적인 추측이나 판단을 나타낸다.
明日はきっといい天気だろう。 (내일은 반드시 좋은 날씨일거야.)
場合によっては、変わることもあろう。 (경우에 따라서는 바뀌는 일도 있겠지.)
つゆも終わったから、これから暑くなるだろう。 (장마도 끝나서 이제부터 더워질 거야.)
これで、いいだろう(よかろう)。 (이만하면 되겠지.)
この辺は住宅地だから、昼間は静かだろう。 (이 주변은 주택지니까 낮에는 조용하겠지.)

* 明日は午後から雨が降りましょう。 (내일은 오후부터 비가 오겠죠.)
「ましょう」는 일반적으로 권유표현으로 쓰이나, 방송의 일기예보 등 딱딱한 문장체로는 추측표현으로도 쓰인다.

④ 「동사 + ～(う)ようと思う(～하려고 하다)」의 형태로 「と思う」에 연결되어, 화자의 의지, 예정, 계획에 대한 화자 본인의 주관적인 판단을 나타낸다.
私はパソコンを買おうと思っています。 (나는 컴퓨터를 사려 합니다.)
私は学者になろうと思います。 (나는 학자가 되려 합니다.)
　[≒私は学者になりたいと思います]

어휘력 jump

1. 시험도 끝났으니까, 오늘 밤에 한 잔 하자.
   _____。

2. 애정이 없는 남편과는 헤어지려고 합니다.
   _____。

3. 건강을 위해서, 매일 운동하려 합니다.
   _____。

4. 이것은 좋은 사전이니까, 나도 한 권 사야지.
   _____。

5. 아직 실력이 부족하지만, 다음달에 있는 JLPT시험을 보려 하고 있다.
   _____。

6. 당신은 몇 살쯤, 결혼하려고 합니까?
   _____。

7. 당신은 장래에 무엇을 하려고 생각하고 있습니까?
   _____。

관련어휘 ●●●

試験(しけん) : 시험　　　　今夜(こんや) : 오늘밤　　　　一杯(いっぱい) : 한 잔
飲(の)む : 마시다　　　　愛情(あいじょう) : 애정　　　　夫(おっと) : 남편
別(わか)れる : 헤어지다　　健康(けんこう) : 건강　　　　辞書(じしょ) : 사전
一冊(いっさつ) : 한 권　　　力不足(ちからぶそく) : 역부족, 실력 부족
受(う)ける : (수업을) 받다. (시험을) 치르다. 보다　　　　何歳(なんさい) : 몇 살
結婚(けっこん) : 결혼　　　将来(しょうらい) : 장래

第17課　てある

この料金は、サービス料は引いてあります
이 요금은 서비스료는 빠져있습니다

「〜てある」는 타동사에 연결되어 결과 상태(〜어 있다)를 나타내는 일이 많으나, 경우에 따라서는 준비(〜해 놓다)의 의미를 나타내는 경우도 있다.

❶ 결과 상태

教室の壁に世界地図が貼ってある。(교실 벽에 세계지도가 붙어 있다.)

窓にカーテンがかけてある。(창문에 커튼이 쳐져 있다.)

電気がつけてある。(불이 켜져 있다.)

テレビが消してある。(텔레비전이 꺼져 있다.)

☞ 결과 상태를 나타내는 「〜てある」앞에는 타동사가 오며, 동사의 대상은 항상 조사 「が」를 취한다.

❷ 준비

空気を入れ替えるために、窓を(が)開けてある。
(공기를 환기시키기 위해 창문을 열어 두었다.)

明日試験なので、勉強してある。(내일 시험이기 때문에 공부해 두었다.)

アメリカへ行くために、ビザを取ってある。(미국에 가기 위해 비자를 받아 두었다.)

☞ 준비를 나타내는 「てある」의 경우는, 동사의 대상은 조사 「が」를 취할 경우도 있고, 「を」를 취할 경우도 있다.

이 외에도 준비를 나타내는 말에는 「~ておく(~해 두다, 해 놓다)」가 있다.

　　ビールを冷やしておく。 (맥주를 차게 해 두다.)
　　明日までに書類を読んでおく。 (내일까지 서류를 읽어 놓다.)

Check Point

「자동사(순간동사) + ている」 VS 「타동사 + てある」

「자동사(순간동사) + ている」와 「타동사 + てある」는 양쪽 모두 동작의 결과 상태를 나타내나, 전자는 주로 자연스럽게 또는 저절로 그러한 상태로 되어있음을 나타낼 때 쓰이며, 후자는 누군가의 의도적인 행위에 의해 그러한 상태로 되어 있음을 나타낼 때 쓰인다.

　　テレビが壊れている。 (텔레비전이 고장나 있다.)
　　[텔레비전이 저절로 고장나있음을 나타낸다.]
　　この米には古米が混ぜてある。 (이 쌀에는 묵은 쌀이 섞여있다.)
　　[의도적으로 쌀에 묵은 쌀을 섞어놓은 상태임을 나타낸다.]

따라서 「ドアが開いている」와 「ドアが開けてある」를 비교해 보면 다음과 같다.

「자동사(순간동사) + ている」인 **「ドアが開いている」**는 문이 자연의 힘(바람 등)에 의해 열려 있거나, 사람에 의해 열려 있다 하더라도 문을 연 사람한테는 별 관심 없이, 단지 열려 있는 자연적인 결과 상태에 중점을 두어 표현할 때 사용된다. 이에 비해 「타동사 + てある」인 **「ドアが開けてある」**는 누군가 의도적으로 문을 열어, 그 결과가 현재에 이르고 있다고 화자가 파악할 때 사용된다. 다시 말하면, 「타동사 + てある」는 행위자를 암시하는 표현이라 할 수 있다. 따라서 「財布が落としてある」라든지 「テレビが壊してある」 등은 의도적으로 그렇게 했다는 특정한 문맥이 주어지지 않는 한 쓰기 어렵고, 보통의 경우, 의도성이 없는 표현인 「자동사 + ている」를 써서, 「財布が落ちている(지갑이 떨어져 있다)」, 「テレビが壊れている(텔레비전이 고장나 있다)」로 표현한다.

어휘력 jump

1. 교실 벽에 일본지도와 세계지도가 붙어 있습니다.
   _____。

2. 응접실에 피카소(ピカソ) 그림이 걸려 있습니다.
   _____。

3. 이미 학교 입구의 셔터는 내려져 있었습니다.
   _____。

4. 아파트 앞에 항상 불연성 쓰레기가 나와 있습니다.
   _____。

5. 친구들이 오기 때문에, 방을 깨끗하게 정돈해 두었습니다.
   _____。

6. 나는 이제부터의 철야 작업을 위해, 충분히 자 두었습니다.
   _____。

7. 다음 주 예정은 모두에게 전달해 두었습니까?
   _____。

관련어휘 ●●▶

教室(きょうしつ) : 교실	壁(かべ) : 벽	地図(ちず) : 지도
世界(せかい) : 세계	貼(は)る : 붙이다	応接間(おうせつま) : 응접실
絵(え) : 그림	かける : 걸다	入(い)り口(ぐち) : 입구
シャッターを降(お)ろす : 셔터를 내리다		燃(も)える : 타다
ごみ : 쓰레기	出(だ)す : 내놓다	きちんと : 정확히, 깔끔히
片付(かたづ)ける : 정리하다	徹夜仕事(てつやしごと) : 철야작업	十分(じゅうぶん) : 충분히
来週(らいしゅう) : 다음 주	予定(よてい) : 예정	伝(つた)える : 전하다, 전달하다

第18課　てくる・ていく(점진적 변화)

だんだん雪が積もっていく
점점 눈이 쌓여간다

「てくる」나「ていく」는 양쪽 모두 해당 사태의 점진적인 변화를 나타내는 표현으로, 次第に(점차로), だんだん(점점), 徐々に(서서히) 등의 부사나, 〜につれて(〜함에 따라서) 등과 같은 표현과 같이 쓰이는 경우가 많다.

❶ 용법

A.「てくる」

1) 과거에서 현재를 향한 변화가 점진적으로 진행되고 있는 과정을 나타낸다.

   話がだんだんおもしろくなってきた。(이야기가 점점 재미있어졌다.)
   だんだん暖かくなってくる。(점점 따뜻해져 온다.)

2) 과정 또는 동작의 개시를 나타낸다.

   雷が鳴って、ひょうが降ってきた。(천둥이 치고, 우박이 내리기 시작했다.)
   頭が痛くなってきた。(머리가 아파지기 시작했다.)

3) 과거에서 현재까지의 어떠한 상황의 시간적인 계속을 나타낸다.

   子供と二人で暮らしてきた。(아이와 둘이서 살아왔다.)
   この歳まで一生懸命に生きてきた。(이 나이가 되도록 열심히 살아왔다.)
   高校を卒業してからずっとこの店で働いてきた。
   (고등학교를 졸업하고 나서부터 쭉 이 상점에서 일해 왔다.)

B. 「ていく」

1) 현재에서 미래를 향한 변화가 점진적으로 진행되고 있는 과정을 나타낸다.

   景気がますます悪くなっていく。(경기가 점점 나빠져 간다.)
   山の木の葉が赤くなっていく。(산의 나뭇잎이 빨갛게 물들어 간다.)

2) 점진적인 소멸의 과정을 나타낸다.

   ろうそくが消えていく。(촛불이 꺼져 간다.)
   多くの人が子供の教育や就職のため、国を離れていく。
   (많은 사람들이 아이의 교육이나 취직 때문에 고국을 떠나간다.)

3) 미래를 향한 어떠한 상황의 시간적인 계속을 나타낸다.

   これからは二人で助け合いながら生きていく。(이제부터는 둘이서 서로 도와가며 살아간다.)
   結婚してからも仕事を続けていく。(결혼 후에도 일을 계속해 나간다.)

Check Point

「てくる」 VS 「ていく」

a. 父を亡くした悲しみはますます深まってくる。(아버지를 잃은 슬픔은 점점 깊어져 온다.)
b. 父を亡くした悲しみはますます深まっていく。(아버지를 잃은 슬픔은 점점 깊어져 간다.)

a에서와 같이「てくる」를 사용하게 되면, 화자가 주관적으로 상황의 변화가 자기 쪽으로 접근되어 온다고 하는 점으로부터, 자신과 관계가 있는 일로 파악하고 있음을 느낄 수 있다. 한편, b의「ていく」는 상황의 변화가 화자로부터 멀어진다고 하는 점에서 자신과 직접관계가 없는 일로, 화자는 상황의 변화를 객관적인 일로 파악한다고 하는 태도가 느껴진다. 따라서 b와 같은 표현은, 화자 자신의 감정이나 생각을 표현하기에는 부자연스러울 때가 많다.

어휘력 jump

1. 모든 물가가 자꾸 상승해 갑니다.
   _____。

2. 벌써 가을도 끝입니다. 이제부터 추워지겠군요(추워져 가겠군요).
   _____。

3. 우리 회사는 앞으로(장래) 더욱 커져갈 것입니다.
   _____。

4. 오가와(小川) 씨는 점점 뚱뚱해졌습니다.
   _____。

5. 사과가 점점 붉게 물들어 옵니다.
   _____。

6. 일본어 공부가 한층 재미있어졌습니다(재미있어져 왔습니다).
   _____。

7. 여행하는 사람들이 늘어나서, 관광지는 더욱더 붐비기 시작했습니다.
   _____。

관련어휘 ●●▶

すべて : 모두, 모조리, 전부
値上(ねあ)がり : 값이 오름
将来(しょうらい) : 장래, 미래
赤(あか)い : 붉다
一層(いっそう) : 한층, 더욱 더
観光地(かんこうち) : 관광지

物価(ぶっか) : 물가
秋(あき) : 가을
だんだん : 점점
色付(いろづ)く : 물이 들다. 색을 띠게 되다
旅行(りょこう) : 여행
ますます : 더욱더, 점점 더

どんどん : 자꾸자꾸
うちの会社(かいしゃ) : 우리 회사
太(ふと)る : 살찌다
増(ふ)える : 증가하다. 늘다
混(こ)む : 붐비다

第19課　과거형(동사·い형용사·な형용사)/완료형

先週見た映画は、おもしろかったです
지난주에 본 영화는 재미있었습니다

❶ 동사, い형용사, な형용사의「た」(과거·완료)형 만들기

A. 동사

동사의 어미를「て」형으로 고쳐 과거조동사「た」를 붙인다.

동사의 종류	동사의 어미	어미변화＋た	예문
1그룹동사	く	いた	書く→書いた、置く→置いた
	ぐ	いだ	泳ぐ→泳いだ、嗅ぐ→嗅いだ
	う、つ、る	った	言う→言った、立つ→立った、乗る→乗った
	ぬ、む、ぶ	んだ	死ぬ→死んだ、読む→読んだ、飛ぶ→飛んだ
2그룹동사	る	るた	起きる→起きた、食べる→食べた
3그룹동사	る	ます형＋た	来る→来た、する→した
예외			行く→行った

B. い형용사

い형용사 어미「い」를「かっ」으로 고쳐, 과거조동사「た」를 붙인다.

>「い」→「かっ」＋「た」⇒「かった」

高い　→　高かった(높았다)，　　少ない　→　少なかった(적었다)

おいしい　→　おいしかった(맛있었다)，　悲しい　→　悲しかった(슬펐다)

C. な형용사

な형용사 어미「だ」를「だっ」으로 고쳐, 과거조동사「た」를 붙인다.

「だ」→「だっ」+「た」⇒「だった」

すてきだ → すてきだった(멋있었다), きれいだ → きれいだった(깨끗했다)

すなおだ → すなおだった(순진했다), まじめだ → まじめだった(성실했다)

❷ 「과거의 た」 VS 「완료의 た」

「た」는 보통 과거를 나타내지만, 경우에 따라서는 완료의 기능을 가지는 일도 있다. 「과거」나 「완료」의 부정은 두 쪽 모두 우리말로는 똑같이 해석되나 일본어로 작문할 때는 각각 다른 형태를 사용하므로 주의해야 한다.

① [과거] 山田は昨日来ましたか。

はい、来ました。(예, 왔습니다.) / (×)はい、もう来ました。

いいえ、来ませんでした。(아니오, 오지 않았습니다.)

(×)いいえ、まだ来ていません。

② [완료] 山田は(もう)来ましたか。

はい、来ました。(예, 왔습니다.)

はい、もう来ました。(예, 벌써 왔습니다.)

いいえ、まだ来ていません。(아니오, 아직 오지 않았습니다.)

(×)いいえ、来ませんでした。

①은, 단순히 昨日(어제) 山田가 왔었는지 라고 하는 과거의 사실만을 물어보는 문장이므로 긍정의 대답이든 부정의 대답이든 사실에 대한 과거표현이 된다. 그러나, ②는, 지금 물어보는 시점에서 「来る(오다)」라고 하는 동작의 완료여부를 확인하는 문장으로, 긍정의 대답인 「来ました」의 「た」는 「来る」라고 하는 동작이 이미 완료되었음을 나타내는 완료 기능을 나타내는 말이고, 부정의 대답인 「来ていません」은 「来る」라고 하는 동작이 아직 완료되지 않았음을 나타내는 말이다. 따라서 이 경우, 「来ませんでした」라고 하는 과거 표현을 쓰면 틀린 문장이 된다.

어휘력 jump

1. 최근에 수면 시간이 짧아졌다. 그것은 잔업으로 밤중에 귀가하는 일이 계속되기 때문이다.
   _____。

2. 오늘 아침은 무척 추웠습니다. 그것은 어젯밤부터 눈이 내렸기 때문입니다.
   _____。

3. 금붕어가 죽었다. 그것은 수돗물이 좋지 않았기 때문이다.
   _____。

4. 연수 여행은 피곤했지만, 대단히 즐거웠습니다.
   _____。

5. 그와 헤어지기 전까지, 그녀의 성격은 매우 명랑했었다.
   _____。

6. 「목욕했습니까?」「아니오, 아직 안 했습니다.」
   _____。

7. 「형은 결혼 했습니까?」「아니오, 아직 결혼하지 않았습니다.」
   _____。

관련어휘 ●●▶

最近(さいきん) : 최근
残業(ざんぎょう) : 잔업
昨夜(ゆうべ) : 어젯밤
金魚(きんぎょ) : 금붕어
研修(けんしゅう) : 연수
別(わか)れる : 헤어지다
朗(ほが)らかだ : 명랑하다

睡眠(すいみん) : 수면
夜中(よなか) : 밤중
雪(ゆき) : 눈
死(し)ぬ : 죽다
疲(つか)れる : 피곤하다
性格(せいかく) : 성격
お風呂(ふろ)に入(はい)る : 목욕하다

短(みじか)い : 짧다
帰(かえ)りが続(つづ)く : 귀가가 계속되다
降(ふ)る : 내리다
水道(すいどう)の水(みず) : 수돗물
楽(たの)しい : 즐겁다
非常(ひじょう)に : 상당히, 매우

第20課　たことがある

会社に遅刻したことがありますか
회사에 지각한 적이 있습니까?

❶ 의미

~한 적(일)이 있다.

❷ 접속

동사의 た형

❸ 용법

① 과거에 행한 행위를 경험으로 파악하여, 경험의 유무에 초점을 둔 표현이다.

富士山に登ったことがある。(후지산에 오른 적이 있다.)
大統領に会ったことがあります。(대통령을 만난 적이 있습니다.)
友達とけんかしたことがありますか。(친구와 싸운 적이 있습니까?)

② 해당 사항이 너무 당연한 일이거나, 현재 시점에서 너무 가까운 과거의 일에 대해서는 사용할 수 없다.

(○) 韓国に行ったとき、キムチを食べたことがある。(한국에 갔을 때 김치를 먹어본 적이 있다.)
(×) さっきキムチを食べたことがある。(아까 김치를 먹어 본 적이 있다.)
(○) 日本で納豆を食べたことがある。(일본에서 낫토를 먹어본 적이 있다.)
(×) 私はご飯を食べたことがある。(나는 밥을 먹어 본 적이 있다.)

③ 「ことがある」의 부정은 「ことがない」

今までは夫婦げんかをした**ことがありません**。 (지금까지는 부부싸움을 한 적이 없습니다.)

私は風邪を引いた**ことがない**。 (나는 감기에 걸린 적이 없다.)

(?) 私は風邪を引いた**ことがある**。 (나는 감기에 걸린 적이 있다.)

☞ 일반적인 상황에서 이 문장이 어색한 것은, 감기는 누구라도 한번쯤은 걸릴 수 있는 당연한 일이기 때문에 어색한 표현이 된다.

④ 「～ることがある」: (때때로/간혹) ～하는 일이 있다.

경험의 유무를 중시하는 「～たことがある」와는 달리, 「～ることがある」는 [항상 그런 것은 아니지만 때때로 그렇게 한다. 또는 그렇게 된다]라고 할 때 사용된다. 따라서, 빈도수가 높은 일에 대해서는 사용할 수 없다.

ときどき徹夜で勉強する**ことがあります**。 (때때로 밤새워 공부하는 일이 있습니다.)

家から会社までタクシーに乗る**ことがある**。 (집에서 회사까지 (간혹) 택시를 타는 일이 있다.)

(○) この辺りは、時々事故が起こる**ことがある**。 (이 부근은 때때로 사고가 일어나는 일이 있다.)

(×) この辺りは、毎日事故が起こる**ことがある**。 (이 부근은 매일 사고가 일어나는 일이 있다.)

Check Point

경험을 나타내는 「ている」

이러한 종류의 「～ている」는 「～たことがある」로 바꾸어 쓸 수 있다.

私は3年前に富士山に登っ**ている**。 (나는 3년 전에 후지산에 오른 적이 있다.)
　　　　　→ 登ったことがある。

私は2年前にイギリスに行っ**ている**。 (나는 2년 전에 영국에 간 적이 있다.)
　　　　　→ 行ったことがある。

어휘력 jump

1. 나는 작문 시험에서 100점을 맞은 적이 있습니다.
   _____。

2. 나는 헬리콥터를 타 본 적이 있습니다.
   _____。

3. 당신은 사람의 목숨을 구한 적이 있습니까?
   _____。

4. 당신은 누군가에게 「당신을 사랑합니다」라고 말한 적이 있습니까?
   _____。

5. 후지산(富士山)에 가 본 적은 있지만, 정상까지 올라가 본 적은 없습니다.
   _____。

6. 나는 범인과는 이야기한 적도, 만나 본 적도 없습니다.
   _____。

7. 일본은 때때로 지진으로 사람이 죽는 일도 있습니다.
   _____。

관련어휘 ●●▶

作文(さくぶん)テスト : 작문 시험　　点(てん) : 점　　　　　　　　取(と)る : (점수를) 맞다
ヘリコプター : 헬리콥터　　　　　　命(いのち) : 목숨　　　　　　助(たす)ける : 살리다, 돕다
愛(あい)する : 사랑하다　　　　　　富士山(ふじさん) : 후지산　　頂上(ちょうじょう) : 정상
登(のぼ)る : 오르다　　　　　　　　犯人(はんにん) : 범인　　　　時々(ときどき) : 때때로
地震(じしん) : 지진

第21課 るところだ・ているところだ・たところだ

今お湯を沸しているところです
지금 한창 물을 끓이고 있는 중입니다

「ところだ」는 동작이나 변화가 어느 단계(시작단계 · 진행단계 · 종료단계)에 있는가를 나타내고 싶을 때 사용되는 표현으로, 「ところだ」의 앞에는 「～る」, 「～ている」, 「～た」의 형태가 올 수 있다.

❶ 「～るところだ」

동작, 변화의 개시 직전 또는 직후를 나타낸다. (막 ～하려던 참이다)

a. 「계속동사+るところだ」: 동작의 개시 직전이나 직후를 나타낸다.
b. 「순간동사+るところだ」: 동작, 변화의 개시 직전만을 나타낸다.

手紙を書くところだ。(막 편지를 쓰려던 참이다.) [동작개시 직전 · 직후]

ご飯を食べるところだ。(막 밥을 먹으려던 참이다.) [동작개시 직전 · 직후]

今帰るところです。(지금 막 돌아가려던 참입니다.) [동작, 변화의 개시 직전]

今寝るところだ。(지금 막 자려던 참이다.) [동작, 변화의 개시 직전]

❷ 「～ているところだ」

동작, 변화의 진행 중(절정)임을 나타낸다. (지금 한창 ～하는 중이다)

手紙を書いているところだ。(지금 한창 편지를 쓰고 있는 중이다.)

ご飯を食べているところだ。(지금 밥을 먹고 있는 중이다.)

今家へ帰っているところだ。(지금 집에 가고 있는 중이다.)

☞ 「行く、来る、帰る」등과 같은 동사는 「～ている」에 연결되면 일반적으로 결과상태로 해석되기 때문에 진행의 의미를 나타내려면 「～ているところだ」의 표현을 쓴다.

❸ 「～たところだ」

동작, 변화의 종료 직후를 나타낸다. (지금 막 ～ 했다)

さっき駅に着いたところです。(방금 전에 역에 도착했습니다.)
ただいま会社から帰ってきたところです。(지금 막 회사에서 돌아왔습니다.)
お皿を洗ったところです。(지금 막 접시를 다 씻었습니다.)

❹ 「～るところだった」의 문형은 우리말로 「～할 뻔하다」로 해석되는 경우도 있다.

川に落ちて、死ぬところだった。(강에 빠져 죽을 뻔했다.)
手が滑って、落ちるところだった。(손이 미끄러져서 떨어질 뻔했다.)

Check Point

「～たところだ」 vs 「～たばかりだ」

「～たところだ」: 시간적으로 동작의 완료 직후를 나타낼 경우에만 사용할 수 있다.

「～たばかりだ」: 시간적으로 동작의 완료 직후를 나타낼 경우에도 사용가능하며, 시간적으로는 어느 정도 경과되었어도, 동작의 완료가 심리적으로 그다지 오래 지나지 않았다고 생각할 경우에도 사용할 수 있다. 따라서 후자의 경우에는 일반적으로 「～たところだ」로 바꾸어 쓰기 어렵다.

今起きた{(○)ばかり/(○)ところ}です。(지금 막 일어났습니다.)
思春期を過ぎた{(○)ばかり/(×)ところ}です。(사춘기를 보낸 지 얼마 안 되었습니다.)
彼は結婚した{(○)ばかり/(×)ところ}なのに、もう離婚を考えているらしい。
(그는 결혼한 지 얼마 안 되었는데, 벌써 이혼을 생각하고 있는 듯하다.)

어휘력 jump

1. 하마터면 페인트를 칠해 놓은 벤치에 앉을 뻔 했습니다.
   _____。

2. 「이곳에 차를 세우지 말아 주세요」「죄송합니다, 지금 막 가려던 참입니다」
   _____。

3. 이것은 뱀이 막 개구리를 먹어 삼키고 있는 장면을 찍은 사진입니다.
   _____。

4. 「언제 귀국하십니까?」「지금 표를 예약하고 있는 중이라서, 아직 모르겠습니다.」
   _____。

5. 지금이 10시니까, 사토(佐藤) 씨가 탄 비행기는 나리타(成田)를 막 출발했겠네요.
   _____。

6. 「지금 어디예요?」「지금 막 버스를 탔습니다.」
   _____。

7. 「약은 먹었니?」「응, 지금 막 먹었어.」
   _____。

관련어휘 ●●▶

もう少(すこ)しで : 하마터면　　ペンキ塗(ぬ)り立(た)て : 페인트를 갓 칠함
ベンチ : 벤치　　座(すわ)る : 앉다　　止(と)める : (차를) 세우다
蛇(へび) : 뱀　　蛙(かえる) : 개구리　　飲(の)み込(こ)む : 삼키다, 이해하다
撮(と)る : (사진을) 찍다　　写真(しゃしん) : 사진　　帰国(きこく) : 귀국
切符(きっぷ) : 표　　予約(よやく) : 예약　　飛行機(ひこうき) : 비행기
飛(と)び立(た)つ : 날아오르다, 뛰어오르다　　薬(くすり) : 약

第22課　あげる・てあげる

かわいそうな彼女をかばってあげたい
불쌍한 그녀를 감싸주고 싶다

❶ 용법

① 「あげる」는 화자(1인칭)가 타인(2, 3인칭)에게 물건을 줄 때, 「てあげる」는 화자(1인칭)가 타인(2, 3인칭)에게 도움이 되는 일이나 행위를 제공할 때 쓰는 표현으로, 기본적으로 주어에는 화자(1인칭)이 오는 경우가 많다.[주는 이가 화자 본인(1인칭)이 기본]

[주는 이] が [받는 이] に [물건·행위] を あげる/てあげる。

私は田中さんに本をあげました。 (나는 다나카 씨한테 책을 주었습니다.)
私は彼女ににプレゼントを送ってあげた。 (나는 그녀에게 선물을 보내주었다.)

그러나 「물건이나 행위의 주고받음」이 항상 1인칭과 3인칭 사이에서만 이루어지는 것은 아니므로, 「주는 이」와 「받는 이」의 인칭 서열 관계에 주의해서 사용해야 한다.

a. [1인칭 → 2인칭] 私は、あなたにどんな本をあげましたか。
b. [2인칭 → 3인칭] あなたは昨日、田中さんにどんな本をあげましたか。
c. [3인칭 → 3인칭] 田中さんは、木村さんに辞書を貸してあげました。

a는 1인칭이 2인칭에게, b는 2인칭이 3인칭에게, c는 3인칭이 3인칭에게 물건을 주거나 행위를 제공함을 나타내고 있다. 결국, 「あげる(てあげる)」는 [주는 이] 쪽이 [받는 이] 쪽보다 인칭서열이 높거나 같을 때 사용한다는 것을 알 수 있다.(인칭서열은 1인칭이 제일 높다)

(て)あげる [주는 이] ≧ [받는 이] (인칭서열의 순서 ; 1인칭 > 2인칭 > 3인칭)

② 「あげる」의 경우, 받는 사람이 화자(또는 주어)보다 어리고 친한 사이, 자신의 가족

중 아랫사람(子供, 弟, 妹 등), 또는 동식물에 먹이나 물 등을 줄 때는 「やる(주다)」를 쓸 수도 있다. 이에 반해 받는 이가 화자보다 윗사람일 경우에는 「あげる」의 겸양어인 「さしあげる(드리다)」를 쓴다.

  私が後輩に花をやりました。 (내가 후배에게 꽃을 주었습니다.)
  私は犬にえさをやった。 (나는 개한테 먹이를 주었다.)
  私は先生にプレゼントをさしあげました。 (나는 선생님께 선물을 드렸습니다.)

③ 「てあげる」의 경우(1), 받는 사람이 화자(또는 주어)보다 손아랫사람이거나 친한 사이, 당사자의 가족(아랫사람 ; 子供, 弟, 妹 등)일 경우에는 「てやる」를 쓴다.

  先週の日曜日、僕は子供に絵本を買ってやった。 (지난 주 일요일, 나는 아이에게 책을 사 주었다.)
  昨日、僕は後輩に本を貸してやった。 (어제 나는 후배에게 책을 빌려 주었다.)

④ 「てあげる」의 경우(2), 화자(또는 주어)보다 행위를 받는 사람 쪽이 윗사람일 경우에는 「てさしあげる」표현을 쓰는 경우가 많으나, 상대방의 면전에서 쓰게 되면 그다지 좋은 느낌을 주지 못하고, 약간 건방지다는 인상을 준다. 이 때는 겸양표현(お~する 등)을 쓰는 것이 바람직하다. 그러나 윗사람이라도 상대방의 면전에서 말하는 것이 아니라면 「てさしあげる」표현을 써도 무방하다.

  (?) 先生、駅まで送ってさしあげましょうか。
  (O) 先生、駅までお送りしましょうか。 (선생님, 역까지 배웅해드릴까요?)
  昨日、先生を駅まで送ってさしあげました。 (어제, 선생님을 역까지 배웅해드렸습니다.)

어휘력 jump

1. 나카코미(中込) 군은 기무라(木村) 씨에게 콘서트 초대권을 주었습니다.
   _____。

2. 어머니날에 당신은 어머니에게 무엇을 드립니까?
   _____。

3. 매일 아침 남편은 꽃에 물을 줍니다.
   _____。

4. 나는 엄마의 어깨를 주물러 드렸습니다.
   _____。

5. 다나카(田中) 씨는 선생님께 고국의 요리를 만들어 드렸습니다.
   _____。

6. 사토(佐藤) 씨는 나카무라(中村) 군에게 지우개를 빌려 주었습니다.
   _____。

7. 과장님은 신입사원에게 업무 방식을 가르쳐 주었다.
   _____。

관련어휘 ●●▶

コンサート : 콘서트
主人(しゅじん) : 남편
国(くに) : 고국
貸(か)す : 빌려주다
仕事(しごと)の方法(ほうほう) : 업무방식

招待券(しょうたいけん) : 초대권
やる : (꽃에 물을) 주다
料理(りょうり) : 요리
課長(かちょう) : 과장(님)

母(はは)の(日)ひ : 어머니 날
肩揉(かたも)み : 어깨를 주무름
消(け)しゴム : 지우개
新入社員(しんにゅうしゃいん) : 신입사원
教(おし)える : 가르치다

第23課　くれる・てくれる

彼女が駅まで車で迎えに来てくれた
그녀가 역까지 차로 마중 나와 주었다

❶ 용법

① 「くれる」는 타인(2, 3인칭)이 화자(1인칭)에게 물건을 줄 때, 「てくれる」는 타인(2, 3인칭)이 화자(1인칭)에게 이익이 되는 일이나 행위를 제공할 때 쓰는 표현으로, 기본적으로 주어에는 타인(2, 3인칭)이 오는 경우가 많다[받는 이가 화자본인(1인칭)이 기본].

> [주는 이] が [받는 이] に [물건·행위] を くれる/てくれる

田中さんが私に本をくれました。(다나카 씨는 나에게 책을 주었습니다.)
彼女は私にプレゼントを送ってくれた。(그녀는 나에게 선물을 보내주었다.)

「くれる(てくれる)」는 「あげる(てあげる)」와 반대되는 상황을 나타낸다. 또한 「물건이나 행위의 주고받음」이 항상 3인칭이 1인칭에게 물건을 주거나 행위를 제공할 때만 이루어지는 것이 아니므로 「주는 이」와 「받는 이」의 인칭 서열 관계에 주의해서 사용해야 한다.

　　a. [3인칭→2인칭] 昨日田中さんは、あなたにどんな本をくれましたか。
　　b. [2인칭→1인칭] 昨日あなたが私に貸してくれた本は、もう全部読みました。

a는 3인칭이 2인칭에게, b는 2인칭이 1인칭에게, 물건을 주거나 행위를 제공함을 나타내고 있다. 결국, 「くれる(てくれる)」는 [주는 이] 쪽이 [받는 이] 쪽보다 인칭서열이 낮을 때 사용한다는 것을 알 수 있다. 그러나 3인칭이 3인칭에게로의 행위일 때에도 다음과 같은 경우, 즉 받는 이(弟)가 화자(私)에게 가깝거나 가깝다고 느껴지는 사이(화자그룹)일 경우에는 「くれる(てくれる)」를 쓴다.

彼女が(私の)弟に絵本をくれた。(그녀가 남동생에게 그림책을 주었다.)
彼女が(私の)弟に絵本を貸してくれた。(그녀가 남동생에게 그림책을 빌려 주었다.)

(て)くれる : [주는 이] < [받는 이] (인칭서열의 순서 ; 1인칭 > 2인칭 > 3인칭)

☞ 단, 주는 이와 받는 이가, 똑같이 3인칭이라 하더라도, 받는 이가 화자그룹일 경우는 「くれる(てくれる)」를 쓴다.

② 「くれる」의 경우, 주는 사람인 주어가 받는 사람보다 윗사람일 경우에는 「くれる」의 존경어 「くださる(주시다)」를 쓸 수 있다.

先生が私に本をくださいました。(선생님이 나에게 책을 주셨습니다.)
社長が私に特別ボーナスをくださった。(사장님이 나에게 특별 보너스를 주셨다.)

③ 「てくれる」의 경우, 행위를 하는 주어가 행위를 받는 화자보다 아랫사람이거나 친한 친구 등의 경우에는 「てくれる」표현을 쓰나, 행위를 하는 주어가 행위를 받는 화자보다 윗사람이거나 그다지 친하지 않은 관계일 때는 「てくださる」표현을 쓰는 것이 바람직하다.

先生は私の勝利をとても喜んでくださいました。(선생님은 나의 승리를 무척 기뻐해 주셨습니다.)
先生がアルバムを見せてくださった。(선생님이 앨범을 보여주셨다.)

④ 화자나 혹은 화자 측 사람을 위해 행위를 의뢰하는 표현 시에는 「-てください」보다도 「-てくださいますか」「-てくださいませんか」를 쓰는 것이 보다 정중하다.

この書類、ミスがあるかどうかチェックしてくださいませんか。
(이 서류, 잘못된 부분이 있는지 어떤지 체크해주시겠습니까?)

어휘력 jump

1. 약혼자는 나에게 다이아몬드 반지를 주었습니다.
   _____。

2. 사장님은 아르바이트하는 사람에게도 보너스를 주었습니다.
   _____。

3. 미지 양, 크리스마스에, 당신은 나에게 무엇을 줄 거야?
   _____。

4. 나카무라(中村) 군은 나에게 일본 노래를 가르쳐 주었습니다.
   _____。

5. 점원은 내가 산 물건을 예쁘게 포장해 주었습니다.
   _____。

6. 선생님은 (수업을) 이해하지 못하는 학생에게 보충 수업을 해 줍니다.
   _____。

7. 친구는 나의 합격을 진심으로 기뻐해 주었다.
   _____。

관련어휘 •••

フィアンセ : 약혼자　　　　ダイアモンド : 다이아몬드　　　指輪(ゆびわ) : 반지
社長(しゃちょう) : 사장　　アルバイト : 아르바이트　　　　ボーナス : 보너스
クリスマス : 크리스마스　　店員(てんいん) : 점원　　　　　品物(しなもの) : 물건, 상품
包(つつ)む : 싸다, 포장하다　補習(ほしゅう) : 보충수업　　　合格(ごうかく) : 합격
心(こころ)から : 진심으로　喜(よろこ)ぶ : 기뻐하다

第24課 もらう・てもらう

お金がたりなくて、彼女に払ってもらった
돈이 모자라서 그녀가 계산해 주었다

❶ 용법

① 「もらう(てもらう)」는, 「あげる(てあげる)」「くれる(てくれる)」와 달리, [받는 이]가 주어의 자리에 온다. 또한, 주어인 [받는 이]에는 화자(1인칭)(또는, 화자그룹)이 오는 게 보통이다. 특히 기본적으로 화자(1인칭)가 타인(2, 3인칭)에게, 또는 3인칭이 3인칭에게 도움이 되는 일이나 행위를 제공받을 때 쓰는 표현이다. 또한 「てもらう[직역:～해 받다]」는 우리말에는 없는 표현이므로, 우리말로 해석할 때에는 [받는 이]와 [주는 이]의 어순을 바꾸어 「～해 주다」로 해석하는 것이 바람직하다.

> [받는 이] が [주는 이] に·から [물건·행위] を もらう/てもらう

私は友達から本をもらいました。(나는 친구한테 책을 받았습니다.)
息子は隣の家の人にお菓子をもらった。(아들은 옆집사람한테 과자를 받았다.)
私は兄に自転車を直してもらった。(형이 내 자전거를 고쳐주었다.)
私はいつも友達に宿題を手伝ってもらう。(언제나 친구가 나의 숙제를 도와준다.)

이 이외에도 「もらう(てもらう)」는, [주고받는 이] 사이에 다음과 같은 인칭관계가 성립될 때에도 사용할 수 있다.

  a. [1인칭←2인칭] (私が)あなたにもらった本はもう全部読みました。
  b. [2인칭←3인칭] あなたは昨日、田中さんにどんな本を送ってもらいましたか。
  c. [3인칭←3인칭] 田中さんは昨日、木村さんに漫画本を貸してもらった。

그러나, 주고받는 이가 두 쪽 모두 3인칭이라 하더라도, 주어인 [받는 이]가 제3자이고, [주는 이]가 화자 또는 화자그룹인 다음과 같은 경우는 어색한 문장이 된다.

(??) 田中さんは、私に本をもらった。(다나카 씨는 나한테 책을 받았다.)

따라서 이러한 경우에는 다음과 같이 「あげる」로 표현한다.

(○) 私は田中さんに本を**あげた**。(나는 다나카 씨에게 책을 주었다.)

> (て)もらう : [받는 이] ≧ [주는 이] (인칭서열의 순서 ; 1인칭 > 2인칭 > 3인칭)

② 「もらう(てもらう)」는 대체적으로 화자(1인칭)가 물건을 받거나, 행위를 제공받는 것을 나타내므로, 존경어는 없고 겸양어만 있다. [받는 이]인 주어보다 [주는 이]인 상대가 윗사람일 경우에는 「もらう(てもらう)」의 겸양어인 「いただく(ていただく)」를 쓴다.

彼は市長から感謝状を**いただきました**。(그는 시장으로부터 감사장을 받았습니다.)
私たちは田中先生に日本語を教え**ていただきました**。
(우리들은 다나카 선생님께 일본어를 배웠습니다.)

③ 「-てもらう(-ていただく)」는 행위자를 주어로 하지 않기 때문에 「-てくれる(-てくださる)」와 비교해 약간 정중한 인상을 준다.

   선생님, 책을 빌릴 수 있을까요?
   → 先生、本を貸してくださいませんか。
     (주어(先生) = 행위자) 先生が私に本を貸してくださる
   → 先生、本を貸していただけませんか。
     (주어(私) ≠ 행위자) 私が先生に本を貸していただく

어휘력 jump

1. 나는 여자 친구에게서 지갑을 받았습니다.
   _____。

2. 내 누이동생은 학교에서 노력상을 받았습니다.
   _____。

3. 「기무라(木村) 군, 누구한테 그 넥타이 받은 거야?」「(내가) 직접 산거야!!」
   _____。

4. 병이 났을 때 나는 친구들이 보살펴 주었습니다.
   _____。

5. 언니는 항상 동생의 숙제를 도와줍니다.
   _____。

6. 가끔씩 고향의 부모님은 사토(佐藤) 씨에게 돈을 보내 주십니다.
   _____。

7. 누가 당신에게 내 전화번호를 가르쳐 주었습니까?
   _____。

관련어휘 •••

ガールフレンド : 여자친구, 그녀
努力(どりょく) : 노력
自分(じぶん)で : 직접, 스스로
姉(あね) : 누나, 언니
ときどき : 가끔씩, 때때로

財布(さいふ) : 지갑
賞(しょう) : 상
病気(びょうき) : 병
宿題(しゅくだい) : 숙제
故郷(ふるさと) : 고향

妹(いもうと) : 여동생
ネクタイ : 넥타이
世話(せわ)をする : 보살피다, 시중을 들다
手伝(てつだ)う : 거들다, 돕다
電話番号(でんわばんごう) : 전화번호

第25課　たほうがいい

親知らず歯早く抜いたほうがいいてすよ
사랑니는 빨리 빼는 게 좋아요

❶ 의미

～하는 편(쪽)이 좋다(낫다)

❷ 접속

동사의 た형
동사의 사전형

❸ 용법

① 화자 자신의 의견이나 일반적인 의견을 상대방에게 **제안**하거나 **충고**할 때 쓴다.

熱があるから、解熱剤を飲んだほうがいいよ。 (열이 있으니까, 해열제를 먹는 편이 좋겠다.)
あなたは、歯医者さんに行ったほうがいいよ。 (당신은 치과에 가는 게 좋겠어.)
何でも正直に言ったほうがいい。 (무엇이든 솔직하게 말하는 게 좋다.)

② 화자 자신의 행위에 대한 선택이나, 일반적으로 바람직한 사항을 이야기할 때도 쓰인다.

明日は朝が早いから、早く寝たほうがいいな。
(내일은 아침부터 일찍 움직여야 되니까, 빨리 자는 게 좋겠군.)
食事をして、すぐ歯をみがいたほうがいい。 (식사를 하고 바로 이를 닦는 게 좋아.)

③ 부정표현「～ないほうがいい」(～하지 않는 편이 좋다);「～ないほうがいい」앞에는 동사의 현재형(비과거형)이 온다.

風邪を引いた時は、無理しないほうがいいですよ。(감기 걸렸을 때는 무리하지 않는 게 좋아요.)
彼女の前ではたばこを吸わないほうがいいよ。(그녀 앞에서는 담배를 피우지 않는 게 좋아.)
寝る前には食べ物を食べないほうがいいです。(잠자기 전에는 음식을 먹지 않는 게 좋습니다.)

④ 「~ほうがよかった(~하는 편이 좋았다)」의 과거형태를 취하면, 화자의 **후회**나 **유감**스러운 기분을 나타낸다.

人に頼まないで、自分でやったほうがよかった。
(다른 사람에게 부탁하지 않고 직접 하는 편이 좋았는데.)
あの人に言わないほうがよかったのに。(그 사람한테 말하지 않는 편이 좋았을 텐데.)

⑤ 상대방에게 화자의 구체적인 의견을 강력하게 권하거나 충고할 때는 「た형」에 접속된 「~たほうがいい」의 형태를 압도적으로 많이 사용한다. 그러나 일반적이거나 객관적인 사안에 대해 말하거나, 자신의 선택을 표현할 때는 「사전형」에 접속된 「~るほうがいい」를 사용할 수도 있다.

健康のためには毎日運動する(した)ほうがいい。(건강을 위해서는 매일 운동하는 게 좋다.)
雪が降るから車で行くよりは電車で行くほうがいいな。
(눈이 오니까 자동차로 가는 것보다는 전철로 가는 게 좋겠군.)

어휘력 jump

1. 아침밥은 매일 꼭 챙겨 먹는 것이 좋습니다.
   _____。

2. 한 달에 한 번은 의사에게 진찰을 받는 것이 좋습니다.
   _____。

3. 고민거리가 있을 때에는, 누군가에게 상의해 보는 것이 좋아요.
   _____。

4. 진학에 대비해서 일찍부터 저금을 해 두는 편이 좋아요.
   _____。

5. 장래를 위해서 낭비는 하지 않는 것이 좋아요.
   _____。

6. 몸에 나쁘니까, 과음하지 않는 것이 좋아요.
   _____。

7. 해외여행 중에는 날 음식은 먹지 않는 것이 좋아요.
   _____。

관련어휘 •••▶

きちんと : 정확히, 깔끔히, 규칙적으로
医者(いしゃ) : 의사
悩(なや)みごと : 고민거리
備(そな)える : 준비하다, 대비하다
無駄遣(むだづか)い : 낭비
生物(なまもの) : 날 음식

診察(しんさつ) : 진찰
相談(そうだん) : 상의, 상담
早(はや)くから : 일찍부터
飲(の)みすぎる : 과음하다

月(つき)に一度(いちど) : 한 달에 한번
受(う)ける : 받다
進学(しんがく) : 진학
貯金(ちょきん) : 저금
海外旅行(かいがいりょこう) : 해외여행

第26課　てもいい・てはいけない

今日は早く帰ってもいいですか
오늘은 빨리 돌아가도 됩니까?

❶ 의미

てもいい　~해도 좋다(괜찮다)
てはいけない　~해서는 안 된다

❷ 접속

てもいい　동사의 て형, い형용사의 て형, 명사・な형용사어간 + でもいい
てはいけない　동사의 て형, い형용사의 て형, 명사・な형용사어간 + ではいけない

❸ 용법

A. てもいい(でもいい)

① 주로 동사에 접속되어 **허가**, **허용**을 요구하거나, **허락**을 해줄 때 쓰이는 표현.
　教室の中で、ご飯を食べてもいいですか。(교실 안에서 밥을 먹어도 될까요?)
　明日は、一人で来てもいいです。(내일은 혼자 와도 좋습니다.)

② 주로 명사(でもいい), な형용사(でもいい), い형용사(てもいい)에 접속되어 **양보**를 나타내는데, 제일 좋은 물건이나 상황은 아니지만, 그 정도라면 괜찮음을 나타낸다.
　電話でもいいから、結果を知らせてください。(전화로라도 좋으니까, 결과를 알려 주세요.)
　狭くてもいいから、自分のアパートがほしい。(좁아도 좋으니까, 내 아파트를 갖고 싶다.)

③ 「なくてもいい」는 주어진 행위를 할 필요가 없음을 나타내는 표현으로 「~하지(~지) 않아도 좋다」로 해석된다. 또한 명사, い형용사, な형용사에 접속되는 경우에는 양보

를 나타내는 표현으로 많이 쓰인다.

この仕事は、今日やらなくてもいいですか。 (이 일은 오늘 하지 않아도 괜찮습니까?)
子供にやるものだから、高くなくてもいい。 (아이에게 줄 물건이니까, 비싸지 않아도 된다.)

B. てはいけない

① 동사에 접속되어 어떤 행위를 허락할 수 없음을 나타내는 **금지·규제** 표현이다.

廊下では、走ってはいけません。 (복도에서는 뛰어서는 안 됩니다.)
道路に駐車してはいけない。 (도로에 주차해서는 안 된다.)

② い형용사, な형용사에 접속되어, 화자의 판단에 비추어 어떠한 상황이어서는 안 됨을 나타내기도 한다.

子供の部屋は、暗くてはいけない。 (아이 방은 어두워서는 안 된다.)
今度の試験問題は、簡単ではいけない。 (이번 시험문제는 간단해서는 안 된다.)

③ 일상적인 회화에서, 개인적인 허가를 구하는 장면에서 허락의 경우는 「はい、～てもいい」보다는, 「はい、どうぞ」로 공손하게 대답하는 경우가 많다. 반면, 상대방의 행위를 불허할 때는 「～てはいけない」는 금지의 느낌이 너무 강해, 강하게 행위를 금지시키는 경우를 제외하고는 잘 쓰이지 않고, 보통은 「～ては困る(～해서는 곤란하다)」, 「～ないでください(～하지 마세요)」를 쓰는 것이 일반적이다.

A : ここに荷物を置いてもいいですか。 (여기에 짐을 놔두어도 됩니까?)
B : はい、どうぞ。(置いてください) (그렇게 하세요. / 놓아두세요.)
　　いいえ、ここに置いては困ります。 (아니오, 여기에 놓는 것은 곤란합니다.)
　　いいえ、ここには置かないでください。 (아니오, 여기에 놓지 말아 주세요.)
この学校の生徒はパーマをかけてはいけない。
(이 학교 학생들은 파마를 해서는 안 된다.) [강한 금지]

어휘력 jump

1. 복도에서는 담배를 피워도 됩니까?
   _____。

2. 다음 주 바자회에는 여러분의 친구들을 데리고 와도 좋습니다.
   _____。

3. 모르는 사람은 사전을 찾아봐도, 옆 사람에게 물어 봐도 좋아요.
   _____。

4. 열이 내렸습니다. 이제 약을 먹지 않아도 됩니까?
   _____。

5. 설문지에 이름은 쓰지 않아도 됩니다.
   _____。

6. 박물관이나 미술관에서 사진을 찍어서는 안됩니다.
   _____。

7. 「학교를 하루 정도 쉬어도 괜찮습니까?」「아니오, 하루도 쉬어서는 안됩니다.」
   _____。

관련어휘 •••

廊下(ろうか) : 복도
バザー : 바자회
引(ひ)く : (사전 등을) 찾다
熱(ねつ) : 열
アンケート用紙(ようし) : 설문지
写真(しゃしん) : 사진

たばこ : 담배
つれて来(く)る : 데리고 오다
隣(となり)の人(ひと) : 옆 사람
下(さ)がる : 내려가다
博物館(はくぶつかん) : 박물관
撮(と)る : 찍다

吸(す)う : 피우다
辞書(じしょ) : 사전
聞(き)く : 묻다
薬(くすり) : 약
美術館(びじゅつかん) : 미술관
休(やす)む : 쉬다

第27課　なければならない

あした早く起きなければならないから早く寝ます
내일은 빨리 일어나야 하니까 빨리 자겠습니다

❶ 의미

~하지 않으면 안 된다, ~해야 한다, ~않으면 안 된다.

❷ 접속

명사＋で, 동사의 ない형, い형용사의 ない형(く), な형용사의 ない형(で)

❸ 용법

① 의무나 필요를 나타내는 표현으로, 화자 자신의 **의무감**이나 **필요성**을 나타내거나, 화자가 상대방에게 어떠한 일을 의무적으로, 또는 필요에 의하여 해야 함을 전하거나 할 때 사용된다. 대체적으로 주어가 생략되는 일이 많다.

図書館では静かにし**なければならない**。(도서관에서는 조용히 하지 않으면 안 된다.)
目が悪くなった時は、眼鏡をかけ**なければならない**。(눈이 나빠졌을 때는 안경을 써야 한다.)

② 동일표현으로는 「なくてはならない」「なくてはいけない」「なくてはだめだ」 등이 있다.

保証人は社会人**でなくてはならない**。(보증인은 사회인이어야 한다.)
成人式に着る着物を買わ**なくてはいけません**。(성년식에 입을 기모노를 사야 합니다.)
もっと自分を大切にし**なくてはだめ**ですよ。(좀 더 자신을 소중히 여겨야 해요.)

③ 「なければならない」「なくてはならない」는 누구에게나 해당되는 일반적인 의무나

필요성을 나타낼 때 많이 쓰이나, 「なければいけない」, 「なければだめだ」는 개인적이거나 개별적인 일에 있어서의 의무나 필요성을 말할 때 많이 쓰인다. 또한, 「なければいけない」보다는 「なければだめだ」「なくてはだめだ」쪽이 회화체로 더 많이 쓰인다.

学生は勉強しなければなりません。 (학생은 공부를 해야 합니다.)
あなたは運動をしなければいけません。 (당신은 운동을 해야 합니다.)
家族みんなが住むには、もう少し広くなくてはだめです。
(가족 모두가 살기에는 조금 더 넓어야 한다.)

④ 회화체에서는 「なければ」는 「なきゃ」로, 「なくては」는 「なくちゃ」로 바꾸어 쓰는 경우도 있다. 또한 「ならない」는 「ならん」으로 바꾸어 쓰거나, 생략되는 일도 있다.

話さなきゃならん。 (이야기하지 않으면 안 된다.)
早く行かなくちゃ。 (빨리 안가면; 빨리 가야 되는데.)

⑤ 「なければならない」와 거의 흡사하게 해석되는 표현으로 「べきだ(해야 한다)」가 있다. 그러나 「なければならない」가 의무를 나타내는 표현인 데 반해, 「べきだ」는 화자가 객관적 상식으로 그렇게 하는 것이 바람직하고 필요하다고 판단하는 경우(당위 판단)에 쓰인다. 따라서 「なければならない」는 규칙, 예정, 법률로서 정해져 있는 필수사항에 쓸 수 있으나 「べきだ」는 쓸 수 없다.

この国では車は左側を{(○)走らなければならない /(×)走るべきだ}。
(이 나라에서는 차는 좌측으로 달려야 한다.)

비교
― これは大学生のうち読んでおくべき本です。
  ([상식적으로 생각할 때] 이것은 대학 시절에 읽어 두어야 할 책이다.)
― これはレポートだから、明日までに読まなければならない。
  ([의무적으로] 이것은 리포트이기 때문에 내일까지 읽어야만 한다.)

어휘력 jump

1. 차를 탈 때는, 안전벨트를 하지 않으면 안 됩니다.
   _____。

2. 부패하기 쉬운 음식 쓰레기는 여름에는 빨리 버리지 않으면 안 됩니다.
   _____。

3. 이 달 안에 빚을 갚아야만 합니다. 큰일입니다.
   _____。

4. 귀국해도 좋습니다만, 신학기까지 돌아오지 않으면 안 됩니다.
   _____。

5. 귀가 시간이 정해져 있기 때문에, 11시까지 돌아가야만 합니다.
   _____。

6. 샐러리맨은 거의 매일 잔업을 하지 않으면 안 됩니까?
   _____。

7. 무엇이든 Yes인지 No인지 분명히 말하지 않으면 안 됩니까?
   _____。

관련어휘 •••▶

シートベルト : 안전벨트　　　　腐(くさ)る : 썩다, 부패하다　　　　~やすい : ~하기 쉽다
生(なま)ごみ : 음식 쓰레기　　捨(す)てる : 버리다　　　　　　　今月中(こんげつちゅう) : 이번 달 안에
借金(しゃっきん) : 빚　　　　　返(かえ)す : 돌려주다, 갚다　　　新学期(しんがっき) : 신학기
戻(もど)る : (있던 곳으로) 되돌아오다　　　　　　　　　　　　　門限(もんげん) : 정해진 귀가시간
~までに : (늦어도)~까지　　サラリーマン : 샐러리맨　　　　　ほとんど : 대부분, 거의
残業(ざんぎょう) : 잔업　　　何(なん)でも : 무엇이든지　　　　はっきり : 분명히, 확실히

| 第28課 | かもしれない |

財布をタクシーの中に忘れたかも知れない
지갑을 택시 안에 놓고 내렸을지도 모른다

❶ 의미

~일(할)지도 모른다

❷ 접속

명사, 동사의 사전형, い형용사의 사전형, な형용사의 어간

❸ 용법

① 「그럴 가능성이 있지만, 잘은 모르겠다」의 의미로, 「だろう」보다는 가능성의 정도가 낮고, 불가능할 수도 있다고 하는 점을 내포하고 있다. 따라서 가능과 불가능의 정도가 50대 50임을 나타낸다. 「ひょっとすると、もしかしたら(어쩌면)」 등의 부사와 잘 쓰인다.

今あそこでスピーチしている人が社長かもしれない。
(지금 저기서 연설하고 있는 사람이 사장일지도 모른다.)
ひょっとすると、あした彼女が来るかもしれません。 (어쩌면 내일 그녀가 올지도 모릅니다.)
このままでは危ないかもしれません。 (이대로는 위험할지도 모릅니다.)
このレストランより、あのレストランが静かかもしれない。
(이 레스토랑보다 저 레스토랑이 조용할지도 모른다.)
彼は昨日もう中国へ出発したかもしれない。 (그는 어제 이미 중국으로 출발했을지도 모른다.)

② 어떠한 내용에 대해 화자가 자신의 단정적인 표현을 피하고, 자신의 표현을 부드럽게 하는 경우에도 사용하며, 또한 자신의 주장을 이야기하기 전에 약간 자신의 주장을

부드럽게 하여 말을 꺼낼 때 쓰이기도 한다.

　　君の言ったそのアイデア、ちょっとおもしろいかもしれないよ。
　　(자네가 말한 그 아이디어, 좀 재미있을 지도 모르겠다.)
　　私が間違っているかも知れませんが、……。 (제가 틀릴지도 모릅니다만.)

③ 가능성의 정도가 약간 높은 「たぶん、おそらく(아마)」등의 부사와는 함께 쓰이지 못한다. 일반적으로 이러한 부사는 앞에서 다룬 「だろう·でしょう」와 함께 쓰인다.

　　(×) あしたはたぶん雨が降るかもしれません。
　　(○) あしたはたぶん雨が降るでしょう。 (아마 내일은 비가 오겠죠.)

④ 회화체에서는 드물게는 「かもわからない」의 형태로 사용되는 경우도 있으나 「かもしれない」만큼 흔히 쓰이지는 않는다.

　　あしたはお客さんが来るかも分からない。 (내일은 손님이 올지도 모른다.)

⑤ 「동사ます형＋かねない」는 「かもしれない」와 비슷한 표현이나, 문어체적인 표현임과 동시에, 마이너스적인 가능성을 나타낼 때 주로 쓰인다.

　　うそを言いかねない。 (거짓말을 할지도 모른다.)
　　このままでは病気になりかねない。 (이대로라면 병이 날지도 모른다.)

어휘력 jump

1. 나는 내년에 요코하마(横浜)로 이사 갈지도 모릅니다.
   _____。

2. 나는 지금 다니는 회사를 그만둘지도 모릅니다.
   _____。

3. 금년 여름에는 물이 부족할지도 모른다.
   _____。

4. 오늘밤 태풍이 관동 지방에 상륙할지도 모릅니다.
   _____。

5. 아침부터 한기가 듭니다. 약을 먹어야 할지도 모르겠습니다.
   _____。

6. 이노우에(井上) 양은 이제 사랑을 포기할지도 모른다.
   _____。

7. 버스가 오지 않아서, 수업(시간)에 늦을지도 모르겠습니다.
   _____。

관련어휘 •••▶

引(ひ)っ越(こ)す : 이사하다　　会社(かいしゃ) : 회사　　辞(や)める : 그만두다, 사직하다
今年(ことし) : 올해, 금년　　水不足(みずぶそく) : 물 부족　　今晩(こんばん) : 오늘밤
関東地方(かんとうちほう) : 관동지방　　　　　　　　　　　　台風(たいふう) : 태풍
上陸(じょうりく) : 상륙　　寒気(さむけ)がする : 한기, 오한이 나다
諦(あきら)める : 단념하다, 포기하다　　　　　　　　　　　　間(ま)に合(あ)う : 시간에 대다

第29課　だろう(でしょう)

よく分からないが、5時ごろには着くだろう
잘은 모르겠지만, 5시경에는 도착하겠지

❶ 의미

だろう　~일 것이다. ~할 것이다.
でしょう　~이겠죠. ~하겠죠.

❷ 접속

명사, 동사의 사전형, い형용사의 사전형, な형용사의 어간

❸ 용법

① 화자의 단순한 생각에 의한 추측이나 상상을 나타내는 표현으로 「たぶん、おそらく(아마)」,「きっと(틀림없이)」 등의 부사와 함께 쓰이는 일이 많다.

済州道(チェジュド)は今(いま)も暖(あたた)かいだろう。(제주도는 지금도 따뜻하겠지.)
明日(あした)もきっといい天気(てんき)でしょう。(내일도 분명히 좋은 날씨일 거예요.)
この辺(あた)りはたぶん夜(よる)は静(しず)かだろう。(이 부근은 아마 밤에는 조용하겠지.)

② 상대방의 의향을 묻거나 화자 자신의 생각이 맞는지 어떤지를 상대편에게 확인할 때 쓰인다. 이 때의 억양은 상승조로 말해야 한다.

お前(まえ)も見(み)ただろう↗。(너도 봤지?)
この箱(はこ)使(つか)えないでしょう↗。(이 상자 못 쓰겠죠?)
昨日(きのう)も言(い)ったでしょう↗。(어제도 말했었죠?)

③ 「だろう」는 「~と思う(~라고 생각한다, ~인 것 같다)」와 같이 쓰여 「~だろうと思う」의 형태로 쓰이는 경우도 많은 데, 「だろう」 자체가 화자의 주관적인 판단이나 추측을 나타내므로, 우리말로는 「と思う」를 뺀 「だろう」의 의미만으로 해석하면 된다.

済州道は今も暖かいだろうと思う。(제주도는 지금도 따뜻할 것이다.)
彼は来ないだろうと思います。(그는 오지 않을 겁니다.)
この計画はうまくいくだろうと思います。(이 계획은 잘 되어 나갈 것 같습니다.)

④ 「だろう」의 문어체는 「であろう」의 형태를 쓴다.

学生だろう ➡ 学生であろう。
静かだろう ➡ 静かであろう。

⑤ 「の(ん)だろう」는 듣거나 본 것으로부터 예측할 때 쓰이며, 이 경우에는 「だろう」를 쓰면 좀 부자연스런 문장이 된다.

A：どうして道がぬれているのかな。(어째서 길이 젖어 있는 걸까?)
B：誰かが水をまいた{(?)だろう/(○)んだろう}。(누군가 물을 뿌렸겠지.)

⑥ 「ましょう」는 일반적으로 권유표현으로 쓰이나, 드물게는 문장체에서는 「でしょう」와 같이 추측표현으로 쓰이는 일도 있다.

明日は午後から雨が降りましょう。(＝降るでしょう) (내일은 오후부터 비가 오겠죠)

Check Point

- 「〜と思う」 앞에 「です」「ます」 등의 정중한 말씨를 쓰는 경우가 있는데, 이는 잘못된 표현으로, 「〜と思う」 앞에는 항상 사전형을 써야 한다.

  (×)田中さんは来ませんと思います。
  (○)田中さんは来ないと思います。(다나카 씨는 오지 않을 것 같습니다)

- 또한 「〜と思う」 앞에 い형용사가 올 때, 「い형용사＋だ」의 형태로 쓰는 경우가 있는데, 이는 잘못된 표현으로, 「〜と思う」는 い형용사의 사전형에 붙는다.

  (×)この本はおもしろいだと思います。
  (○)この本はおもしろいと思います。(이 책은 재미있을 것 같습니다.)

어휘력 jump

1. 그는 분명히 좋은 의사가 될 거야.
   _____.

2. 5시가 넘었으니까, 교실에는 아무도 없겠죠.
   _____.

3. 본고장인 한국 요리는 훨씬 맵고 맛있겠죠.
   _____.

4. 「공룡」이니까, 분명히 무섭겠지?
   _____.

5. 내일은 전국적으로 추울 것입니다(내일 추위는 전국적일 것입니다).
   _____.

6. 아마 이것은 스위스 제 시계일 거야.
   _____.

7. 「저 분은 누구야?」「새로 오신 선생님일거야.」
   _____.

관련어휘 •••▶

きっと : 꼭, 분명히	医者(いしゃ) : 의사	過(す)ぎる : 넘다, 지나다
本場(ほんば) : 본고장, 본산지	韓国(かんこく) : 한국	もっと : 더욱
辛(から)い : 맵다	恐竜(きょうりゅう) : 공룡	恐(こわ)い : 무섭다
寒(さむ)さ : 추위	全国的(ぜんこくてき) : 전국적	たぶん : 아마
スイス製(せい) : 스위스제	時計(とけい) : 시계	新(あたら)しい : 새롭다

第30課　はずだ

彼は約束をかならず守るはずだ
그는 반드시 약속을 지킬 것이다

❶ 의미

틀림없이 ~일 것이다. 거의 ~임에 틀림없다

❷ 접속

명사＋の, 동사의 사전형, い형용사의 사전형, な형용사의 명사수식형

❸ 용법

① 객관적이고도 확실한 근거를 토대로 확신에 가까운 추측을 할 때 쓰인다.

　今10時だから、彼は家を出たはずだ。 (지금 10시니까, 틀림없이 그는 집을 나왔을 거야.)
　彼は20歳だから、大学生のはずだ。 (그는 20살이니까, 틀림없이 대학생일거야.)
　説明書によると、それでいいはずだ。 (설명서에 의하면, 그렇게 하면 분명 될 거다.)

② 어떠한 사실이나 상황으로부터 「그러한 게 당연하다」라고 화자가 납득할 때 쓰인다.

　今日は日曜日だから、道がすいているはずだ。 (오늘은 일요일이니까, 분명 길이 안 막힐 거야.)
　金さんは日本に7年も住んでいるので、日本語が上手なはずだ。
　(김양은 일본에 7년이나 살고 있으니까, 틀림없이 일본어를 잘 할 거야.)
　彼は弁護士だから、法律に詳しいはずだ。 (그는 변호사니까, 틀림없이 법률에 정통할 거야.)

③ 화자가 당연히 그럴 것이라고 생각하고 있었던 일이 현실과 다른 경우에 사용되어, 화자의 후회나 실망, 미심쩍은 기분을 나타낸다. 또한 이러한 화자의 기분은 「はずだっ

た」의 형태로도 나타낼 수 있다.

おかしなことに閉めたはずの金庫の鍵が開いていた。
(이상하게도 닫았다고 생각했던 금고가 열려 있었다.)
ちゃんとかばんに入れたはずなのに、家に帰ってみると、財布がない。
(분명히 가방에 넣었다고 생각했는데 집에 와보니 지갑이 없다.)
理論上はうまくいくはずだったが、実際はそうではなかった。
(이론상으로는 잘 될 거라고 생각했는데, 실제로는 그렇지 않았다.)

④ 또한「はずだった」는 실제로는 예정과는 다른 결과가 나왔음을 나타내기도 한다.

事故を起こしたその地下鉄に私も乗るはずだった。
(사고를 일으킨 그 지하철에 나도 탔을 것이다.)

⑤ はずだ의 부정 표현에는「はずがない」와「ないはずだ」의 두 가지 표현이 있다. 이들 두 표현의 해석은 거의 같지만「はずがない」쪽이 추측 자체에 대한 부정이므로, 부정의 의미가 좀 더 강하다.

彼は来るはずがない。(그는 올 리가 없다.)
彼は来ないはずだ。(그는 오지 않을 것이다.)

⑥「はずがない」와 유사한 표현으로는「わけがない」가 있다.

彼が子供に負けるわけがない。[＝負けるはずがない]
(그가 어린애한테 질 리가 없다.)
勉強もしないで試験に合格するわけがない。[合格するはずがない]
(공부도 하지 않고 시험에 합격할 리가 없다.)

어휘력 jump

1. 이 길을 쭉 따라 가 주십시오. 그러면, 학교에 도착할 것입니다.
   _____。

2. 이제 약속 시간이 다 되었었으니까, 분명 다나카(田中) 씨는 곧 올 것입니다.
   _____。

3. 사토(佐藤) 씨는 틀림없이 대학 입학시험을 볼 것입니다. 입학 원서를 쓰고 있었거든요.
   _____。

4. 이상하네. 여기에 서류가 있었을 텐데.
   _____。

5. 분명 나카무라(中村) 군은 술도 담배도 안 할 겁니다.
   _____。

6. 그녀는 성적이 좋으니까, 시험에 떨어질 리가 없다.
   _____。

7. 여우도 너구리도 동면할 리가 없다.
   _____。

관련어휘 ●●●

道(みち) : 길	真(ま)っ直(す)ぐ : 똑바로, 곧장	それでは : 그러면
着(つ)く : 도착하다	もう : 이제	約束(やくそく) : 약속
じきに : 곧	受験(じゅけん)する : 입학시험을 보다	入学(にゅうがく) : 입학
願書(がんしょ) : 원서	変(へん)だ : 이상하다	書類(しょるい) : 서류
やる : 하다	成績(せいせき) : 성적	試験(しけん)に落(お)ちる : 시험에 떨어지다
狐(きつね) : 여우	狸(たぬき) : 너구리	冬眠(とうみん) : 동면

第31課   예상·전달의 そうだ

あしたはとてもいい天気だそうです
내일은 무척 날씨가 좋다고 합니다

❶ 의미

そうだ(예상)   ~인(한) 것 같다(듯하다)
そうだ(전달)   ~라고 한다(라더라)

❷ 접속

そうだ(예상)   동사의 ます형, い형용사·な형용사의 어간,
　　　　　　　　 ない·よい ⇒ なさそうだ, よさそうだ
そうだ(전달)   명사+だ, 동사의 사전형, い형용사·な형용사의 사전형

❸ 용법

A. 예상의 そうだ

① 화자가 해당 대상의 외관적인 모양이나 인상을 근거로 해서 추측할 때 사용된다. 「今にも(금방이라도)」「もう少しで(이제 곧)」 등의 부사와 잘 쓰인다.

　今にも雨が降りそうですね。(당장이라도 비가 내릴 것 같군요.)
　もう少しで仕事が終りそうです。(이제 곧 일이 끝날 것 같습니다.)
　彼は頭がよさそうだ。(그는 머리가 좋을 것 같다.)

② 해당 사항에 대한 화자의 판단, 예측, 예감 등을 나타낼 때 사용된다.

　お腹がすいて、死にそうだ。(배고파 죽겠다.)
　今日は暇そうだね。(오늘은 한가한 것 같군.)

③ 「そうだ」의 부정표현

・「動詞＋そうだ」≠ そうもない、そうにない、そうにもない

    10時までには仕事が終りそうもない＝終りそうにない＝終りそうにもない。
    (10시까지는 일이 끝날 것 같지(도) 않다.)

・「い(な)形容詞＋そうだ」≠ そうではない、なさそうだ(い형)、ではなさそうだ(な형)

    今度の試験はあまり難しそうではない＝難しくなさそうだ
    (이번 시험은 그다지 어려울 것 같지 않다.)

    彼はあまりまじめそうではない＝まじめではなさそうだ。
    (그는 그다지 성실하지 않을 것 같다.)

B. 전달의 そうだ

① 화자가 듣거나 읽어서 얻은 정보를 타인에게 전할 때 사용된다. 정보의 출처는 「に よると、によれば(～에 의하면, ～에 따르면)」 등으로 표시되기도 한다.

    彼の家は駅から歩いて5分だそうだ。 (그의 집은 역에서 걸어서 5분 걸린다고 한다.)
    天気予報によると、明日は雪が降るそうだ。 (일기예보에 의하면, 내일은 눈이 온대.)
    今度の映画はおもしろいそうです。 (이번 영화는 재미있다고 합니다.)
    今週彼はひまだそうだ。 (이번 주 그는 한가하다고 한다.)

② 전달의 「そうだ」의 부정이나 과거표현은 술어 자체를 부정 또는 과거표현으로 만든 후에 「そうだ」를 접속시킨다.

    (○) 今週は暑くないそうだ。 (이번 주는 덥지 않대.)
    (×) 今週は暑いそうではない。
    (○) 先週は暑かったそうだ。 (저번 주는 더웠다던데.)
    (×) 先週は暑いそうだった。

③ 회화체의 반말 표현에서 흔히 쓰이는 전달표현으로는 「(な)んだって」가 있다.

    あの店のケーキ、おいしいんだって(おいしいそうだ)。 (저 집 케이크 맛있대.)
    あの人、芸能人なんだって(芸能人だそうだ)。 (저 사람, 연예인이래.)

어휘력 jump

1. 마츠무라(松村) 군은 내일 있는 유도 시합에 자신이 있는 것 같습니다.
   _____。

2. 지독한 설사로 힘이 빠져서, 당장이라도 쓰러질 것 같습니다.
   _____。

3. 그 옷은 당신에게 어울릴 것 같지도 않군요.
   _____。

4. (사내의 소문에 의하면,) 다나카(田中) 군과 이노우에(井上) 양은 결혼한다고 합니다.
   _____。

5. (정부 발표에 의하면,) 소비세는 개정하지 않는다고 합니다.
   _____。

6. (동물학자에 의하면,) 문어는 매우 영리하다고 합니다.
   _____。

7. (일기예보에 의하면,) 이번 주 날씨는 좋지 않다고 합니다.
   _____。

관련어휘 •••▶

柔道(じゅうどう) : 유도	試合(しあい) : 시합	自信(じしん)がある : 자신이 있다
ひどい : (정도가)심하다, 너무하다	下痢(げり) : 설사	ふらふらになる : 비틀비틀 거리다
今(いま)にも : 당장이라도	倒(たお)れる : 쓰러지다	服(ふく) : 옷
似合(にあ)う : 어울리다	社内(しゃない) : 사내	噂(うわさ) : 소문
～によると : ～에 의하면	政府(せいふ) : 정부	発表(はっぴょう) : 발표
消費税(しょうひぜい) : 소비세	改定(かいてい) : 개정	動物学者(どうぶつがくしゃ) : 동물학자
蛸(たこ) : 문어	賢(かしこ)い : 영리하다, 현명하다	天気予報(てんきよほう) : 일기 예보

第32課　ようだ

みんなぼくのことを心配してくれたようだ
모두가 나를 걱정해 준 것 같다

❶ 의미

~인(한) 것 같다, ~인(한) 듯하다

❷ 접속

명사+の, 동사의 사전형, い형용사의 사전형, な형용사의 명사수식형

❸ 용법

① 화자자신의 감각, 체험, 내성 등의 결과를 근거로 화자가 주관적으로 판단 추측할 때 주로 사용된다.

　　私、どうも熱がある**ようです**。(나, 아무래도 열이 있는 것 같아요.)
　　私、ちょっとお酒に酔った**みたいだ**。(나, 좀 술에 취한 것 같아.)

② 타인으로부터 들은 이야기를 판단의 근거로 삼을 때도 있다. 따라서「らしい」로 바꾸어 쓸 수 있는 경우도 많다.

　　さっき聞いたが、彼はしばらく休学する**ようだ**。(=らしい)
　　(아까 들었는데, 그는 당분간 휴학하나봐.)

③ 「みたいだ」는 그다지 격식을 차리지 않은 회화체에서 주로 사용된다.

　　誰か玄関に来ている**みたいだ**。(누군가 현관에 와 있는 것 같다.)
　　部屋の中には誰もいない**みたいだ**。ノックをしても返事がない。
　　(방안에는 아무도 없는 것 같다. 노크해도 전혀 반응이 없다.)

④ 직전의 상황을 확인할 수 없을 정도로 순간적인 동작의 추측에는 「ようだ」를 쓰지 못하고 「そうだ」를 써야 한다.

あっ、危ない。ひもが{(×)切れるようだ/(○)切れそうだ}。

(앗! 위험해. 끈이 끊어질 것 같아.)

⑤ 「ようだ」는 이상에서 설명한 용법 외에도 다음과 같은 경우에 쓰인다.

　a. 모양이나 상태를 다른 무언가에 **비유**할 때 (마치 ~와 같다)

まるで石のように固いパンだ。(마치 돌같이 딱딱한 빵이다.)
彼女はまるで人形のようにきれいだ。(그녀는 인형처럼 에쁘다.)

　b. 조건에 맞는 것을 구체적으로 **예시**할 때 (예를 들면 ~와 같다)

あなたのように意地悪い人は大きらいだ。(당신같이 심술궂은 사람은 정말 싫다.)
北海道のように寒い地方では、春と夏が一緒にやってくる。
(북해도 같이 추운 지방에서는 봄과 여름이 함께 온다.)

　c. 「ように」의 형태로 의도적으로 노력하거나 상태의 추이에 따라 그렇게 되었음을 나타낼 때 (~하게/~도록)

待ち合わせの時間に遅れないように早めに家を出た。
(약속시간에 늦지 않도록 일찍 집을 나왔다.)
幼い子供が触らないようによく保管してください。
(어린 아이가 만지지 않도록 잘 보관해주세요.)

　d. 「ように」의 형태로, 원망·의뢰·권고 등의 내용을 나타낼 때.

風邪をひかないように気をつけてください。(감기에 걸리지 않도록 조심하세요.)
一日も早く全快なさいますように、お祈りしております。
(하루 빨리 쾌유하시기를 빌겠습니다.)

어휘력 jump

1. 이 개는 오이도 먹는 것 같습니다. 이상한 개로군요.
_____。

2. 아, 누가 온 것 같아요, 나카다(中田) 씨인가?
_____。

3. 뭔가 사고가 있었던 것 같습니다. 전철이 멈춰 있습니다.
_____。

4. 당신도 일본에서의 생활에 익숙해진 것 같아서, 이제 안심이군요.
_____。

5. 신발 바닥에 껌이 붙어 있는 것 같습니다.
_____。

6. 기무라(木村) 씨는 술을 별로 못 마시는 것 같습니다.
_____。

7. 사토(佐藤) 군은 수업을 전혀 못 알아듣는 것 같습니다.
_____。

관련어휘 ●●▶

キュウリ : 오이
止(と)まる : 멎다, 멈추다
安心(あんしん) : 안심
つく : 붙다
飲(の)める : 마실 수 있다(飲(の)む의 가능동사)
分(わ)かる : 알아듣다

事故(じこ) : 사고
生活(せいかつ) : 생활
裏(うら) : 바닥, 안쪽, 속
あまり : 그다지(뒤에 부정표현이 온다)

電車(でんしゃ) : 전철
慣(な)れる : 익숙해지다
ガム : 껌

全然(ぜんぜん) : 전혀

第33課　らしい

あの人、だいぶ緊張しているらしいですね
저 사람 상당히 긴장하고 있는 것 같네요

❶ 의미

~인(한) 것 같다. ~인(한) 듯하다. / ~답다.

❷ 접속

명사·동사의 사전형, い형용사의 사전형, な형용사의 어간

❸ 용법

① 화자 자신의 단순한 예상이나 주관적인 추측을 나타내는「だろう」와는 달리, 어떠한 객관적인 근거에 의해 추측할 때 사용된다.

　顔から見て、日本人らしい。(얼굴을 보아 하니, 일본인 같다.)
　だれかが僕を見ているらしい。(누군가가 나를 보고 있는 것 같다.)
　彼の話は予想以上におもしろかったらしい。(그의 이야기는 예상외로 재미있었던 것 같다.)
　今度出た携帯電話はとても便利らしい。(이번에 나온 휴대폰은 매우 편리한 것 같다.)

② 이 때의 객관적인 근거란 화자의 외부에 존재하는 근거일 경우가 많아, 다음과 같이 본인의 내부 상황을 근거로 추측할 때는 부적절한 표현이 된다.

　私、どうも熱がある {(??)らしい / (○)よう} です。(나, 아무래도 열이 있는 것 같아요.)
　どうも風邪を引いてしまった {(??)らしい / (○)ようだ}。(아무래도 감기를 걸린 것 같다.)
　(私の)目の中に何か入った {(??)らしい / (○)よう} です。(내 눈에 뭔가 들어간 것 같습니다.)

③ 판단의 책임이 화자 자신에게는 없다고 하는 뉘앙스이므로, 자기 판단에 의한 추측이 분명할 때나, 책임을 가지고 이야기해야 할 때, 또는 논문 등에「らしい」를 쓰면, 부적절한 표현이므로 어색해진다. 이 경우에는「ようだ」를 써야 한다.

賛成が多い[(??)らしい / ような]ので、この議案は可決されました。
(찬성이 많은 것 같으니, 이 의안은 가결되었습니다.)

〈진찰을 마치고〉 의사 : 風邪[(??)らしい/(○)のよう]ですね。(감기인 것 같군요.)

④「らしい」는, 전달의「そうだ」와 같은 의미로 사용되는 경우도 있으나,「そうだ」가 정보의 출처가 확실할 경우에 쓰이는 반면,「らしい」는 정보의 출처가 정확하지 않을 때도 쓰이므로, 일반적으로「そうだ」에 비해 정확도는 떨어진다.

天気予報によると、明日は雨らしい。(일기예보에 의하면 내일은 비가 올 것 같다.)
うわさによると、彼は入院したらしいです。(소문에 의하면, 그는 입원한 것 같습니다.)
マネージャーの話によると、彼は入院したそうです。(매니저 말에 의하면, 그는 입원했다고 합니다.)

⑤ 명사에 붙어 접미사로 쓰이는「らしい」는 그 명사의 전형적인 성질이 잘 나타나 있음을 나타낸다. 이 경우의「らしい」는 우리말로는「~답다, ~다운」으로 해석된다.

もっと学生らしく勉強しなさい。(좀 더 학생답게 공부하세요.)
最近は子供らしい子供がいない。(요즈음은 애다운 애가 없다.)
そんなことをやるなんて、君らしくないね。(그런 짓을 하다니, 자네답지 않구먼.)

어휘력 jump

1. 그녀는 밤중에 몇 번이나 잠을 깨는 것 같다.
   _____。

2. 지금까지의 증거로부터, 역시 그가 범인인 것 같다.
   _____。

3. 소문에 의하면 저 가게의 카레는 아주 맛없는 것 같다.
   _____。

4. 어제 관동지방에서 대지진이 있었던 것 같습니다.
   _____。

5. 현관의 입구가 닫혀 있다. 그녀는 아직 돌아와 있지 않은 것 같다.
   _____。

6. 이번 여름은 비다운 비는 내리지 않았다.
   _____。

7. 그 사람의 학자다운 태도에는 머리가 숙여진다.
   _____。

관련어휘 •••▶

夜中(よなか) : 밤중
何度(なんど)も : 몇 번이나
目(め)が覚(さ)める : 잠이 깨다
証拠(しょうこ) : 증거
やはり : 역시
犯人(はんにん) : 범인
うわさ : 소문
まずい : 맛없다
関東地方(かんとうちほう) : 관동지방
大地震(だいしん) : 대지진
玄関(げんかん) : 현관
入(い)り口(ぐち) : 입구
閉(しま)る : 닫히다
学者(がくしゃ) : 학자
態度(たいど) : 태도
頭(あたま)が下(さ)がる : 머리가 숙여지다

第34課　つもりだ

彼女とはもう二度と会わないつもりです
그녀와는 두 번 다시 만나지 않을 생각입니다

❶ 의미

~할 생각(작정)이다 [동사에 접속될 경우에 한함]

❷ 접속

동사의 사전형

❸ 용법

① 앞으로 뭔가를 하겠다고 하는 화자의 의지, 예정, 계획을 나타낸다.[동사의 현재형(비과거형)의 경우에만 해당]

　明日からは毎朝テニスをするつもりです。 (내일부터는 매일 아침 테니스를 칠 생각입니다.)
　私は30歳までには結婚するつもりだ。 (나는 30살까지는 결혼할 작정이다.)

② 「つもりだ」의 부정 표현으로는 「するつもりはない(~할 생각은 없다)」「しないつもりだ(~하지 않을 작정이다)」의 두 가지 형태가 있다.

　参加するつもりはない。 (참가(참석)할 생각은 없다.)
　参加しないつもりだ。 (참가(참석)하지 않을 작정이다.)

③ 「~つもりだ」와 비슷한 의미를 갖는 표현으로는 「~予定だ(예정이다)」가 있는데, 「~つもりだ」는 화자의 개인적인 계획이나 예정을 나타내는 경우에만 쓰이는 데 반해, 「~予定だ」는 다른 사람과 상의한 연후에 결정한 사실이나, 공적인 결정 사항에 대해서

도 쓰인다고 하는 미묘한 차이를 보인다.

僕は来年日本に留学する。{(○)つもりだ /(○)予定だ}

(나는 내년에 일본에 유학 갈 생각이다.)

今度の日曜日に家族みんなで花見に行く。{(×)つもりだ /(○)予定だ}

(이번 주 일요일에 가족 모두가 꽃구경 갈 예정이다.)

④ 또한「〜つもりだ」는「〜(よ)うと思う」와 거의 비슷한 의미를 갖지만, 「〜つもりだ」쪽이, 계획이 좀더 구체적이고, 실현 가능성이 높을 때 쓰인다.

僕は今度の夏休みに日本へ行こうと思っている。[단지 생각만 하고 있음]

(나는 이번 여름방학에 일본에 가려한다.)

僕は今度の夏休みに日本へ行くつもりだ。[구체적인 계획이 서있음]

(나는 이번 여름 방학에 일본에 갈 작정이다.)

⑤ 「つもりだ」의 기타 용법

　a. 「동사 사전형＋つもりで」의 형태로 '〜할 생각으로'라는 뜻을 나타낸다.

彼女と結婚するつもりで、ずっと待っていた。

(그녀와 결혼할 생각으로 쭉 기다리고 있었다.)

　b. 「동사 た형＋つもりで」의 형태로 '〜한 셈치고, 〜했다고 생각하고'의 뜻을 나타낸다.

旅行したつもりで貯金した。(여행한 셈치고 저금했다.)

死んだつもりでやりました。(죽었다 생각하고(죽을 각오로) 했습니다.)

　c. 명사＋の, い형용사 사전형, な형용사 명사수식형(〜な), 등에 접속된 형태로, 1인칭 대명사가 주어로 쓰이면, 화자의 신념을 나타내며, 2・3인칭 대명사가 주어로 쓰이면, 주어의 믿음이 사실과는 상반됨을 나타낸다.

私はまだまだ心は若いつもりだ。(내 나름대로는 아직 마음은 젊다고 생각한다.)

彼女はすべて知っているつもりだが、本当は何も知らない。

(그녀는 모든 것을 알고 있다고 생각하지만, 사실은 아무 것도 모른다.)

어휘력 jump

1. 나는 4월 달부터 영어 회화 학원에 다닐 작정입니다.
   _____。

2. 나는 다음달에, 역에서 가까운 아파트로 이사할 예정입니다.
   _____。

3. 나는 장래에 무의촌 지역의 의사가 될 생각입니다.
   _____。

4. 내 신원보증인은 야마다(山田) 씨에게 부탁할 작정입니다.
   _____。

5. 죽을 각오로 하면, 무엇이든 할 수 있다.
   _____。

6. 당신은 학교에도 오지 않고, 일도 하지 않는군요. 도대체 어쩔 셈입니까?
   _____。

7. 나의 일을 시작한 셈치고, 도와주겠습니다.
   _____。

관련어휘 ●●▶

英会話(えいかいわ)スクール : 영어 회화 학원
来月(らいげつ) : 다음달
将来(しょうらい) : 장래(에)
医者(いしゃ) : 의사
頼(たの)む : 부탁하다
一体(いったい) : 도대체
手伝(てつだ)う : 돕다
駅(えき) : 역
無医村地区(むいそんちく) : 무의촌지역
身元保証人(みもとほしょうにん) : 신원보증인
〜し : (사전형에 붙여서 앞뒤의 말을 접속한다)〜고
自分(じぶん) : 자신, 나
通(かよ)う : 다니다
引(ひ)っ越(こ)す : 이사하다
始(はじ)める : 시작하다

第35課　ことにする・ようにする

今度の週末は家族と過ごすことにしました
이번 주말은 가족과 지내기로 했습니다

❶ 의미

ことにする　～하기로 하다(결정하다)
ようにする　～하기로(하도록) 하다

❷ 접속

동사의 사전형

❸ 용법

① 「ことにする」는 앞으로의 행위에 대한 자신의 결정・결의 등을 나타내며, 「ことにした」의 형태가 되면, 그 결정・결의가 이미 이루어져 있음을 나타낸다. 또한 「ことにしている」의 형태를 취하면 과거 어느 시점에 결심을 해서 현재에도 실행을 하고 있음을 나타낸다.

私はこれからたばこをやめることにする。 (나는 이제부터 담배를 끊기로 하겠다.)
来月、日本に行くことにした。 (다음 달에 일본에 가기로 했다.)
今日はどこへも行かないことにした。 (오늘은 아무데도 가지 않기로 했다.)

② 「ようにする」는 어떠한 행위나 상황을 성립 또는 실현시키기 위해 노력하겠다는 것을 나타내며, 「ようにした」는 1회적 행위이든 습관적인 행위이든 그 행위를 실현시키기 위해 과거 언젠가부터 노력하고 있음을 나타낸다. 따라서 습관적인 행위의 실현을 위해 노력하고 있을 경우에는 「ようにしている」의 형태로 바꾸어 쓸 수 있다.

今度のパーティーにはできるだけ参加するようにします。
(이번 파티에는 가능한 한 참석하도록 하겠습니다.)

明日試験なので目覚まし時計をセットして寝坊しない。{(○)ようにした/(×)ようにしている}

(내일 시험이기 때문에 자명종을 맞춰놓고 늦잠을 자지 않도록 했다.) [1회적 행위]

私は毎朝ジョギングをする。{(○)ようにした/(○)ようにしている}

(나는 (가능한 한) 매일 아침 조깅을 하려고 노력하고 있다.) [습관적인 행위]

③ 「ことにする」 VS 「ようにする」

私は酒を飲まないことにしている。(나는 술을 마시지 않기로 했다.)

[결정적인 사실 ; 진단 결과 등으로 술을 완전히 끊은 상태]

私は酒を飲まないようにしている。(나는 (될 수 있는 한) 술을 마시지 않기로 했다.)

[일반적인 경향 ; 건강 등을 이유로 되도록 술을 삼가고 있는 상태]

Check Point

「것(일, 사실)」: 「こと」 VS 「もの」 VS 「の」

「こと」 추상적인 개념을 갖는 「것」으로, 어떠한 행위나 사실을 나타내는 말로 우리말의 「일, 사실, 것」에 해당한다. 「일, 사실, 것」을 우리말의 명사형 어미 「~ㅁ, 기, 음」 등으로 바꾸어 쓸 수 있거나, 대체할 수 있는 명사가 없을 때는 「こと」뿐만 아니라 「の」도 사용할 수 있다.

早く走る[(○)こと/(×)もの/(○)の]は、つらい。 (빨리 달리는 것(달리기)은 힘들다.)

「もの」 구체적인 사물을 나타내는 「것」으로, 이 경우 「の」로 바꾸어 쓸 수 있다.

彼が食べた[(×)こと/(○)もの/(○)の]が納豆です。 (그가 먹은 것이 낫토입니다.)

「の」 원인·이유나 목적, 때를 나타내는 「것」이나, 인간의 감각이나 느낌 등(見る, 見える, 聞く, 聞こえる, 感じる 등)을 나타낼 때의 「것」은 「の」만을 쓸 수 있다.

彼が遅れた[(×)こと/(×)もの/(○)の]は、途中で交通事故があったからです。

(그가 늦은 것은 도중에 교통사고가 있었기 때문입니다.)

彼が遅れた[(○)こと/(×)もの/(○)の]は、だれも知らない。

(그가 늦었다는 사실은 아무도 모른다.)

ここから子供が遊んでいる[(×)こと/(×)もの/(○)の]が見える。

(여기에서 아이가 놀고 있는 것이 보인다.)

어휘력 jump

1. 조금 비싸지만, 좋은 책이니까 사기로 했습니다.
   _____ 。

2. 여러 가지로 생각한 끝에, 나카무라(中村) 씨와는 헤어지기로 했다.
   _____ 。

3. 돈이 너무 많이 들기 때문에, 이사를 하지 않기로 했습니다.
   _____ 。

4. 내일부터는 일찍 자고 일찍 일어나도록 하겠습니다.
   _____ 。

5. 건강을 염려해서, 여러 가지 음식을 먹도록 하고 있습니다.
   _____ 。

6. 생활이 힘드니까, 낭비하지 않으려고 하고 있습니다.
   _____ 。

7. 수업 중에, 졸지 않도록 해 주세요.
   _____ 。

관련어휘 •••

~たあげく : ~한 끝에
(동사ます형)+すぎる : 너무 ~하다
健康(けんこう) : 건강
大変(たいへん)だ : 힘들다
居眠(いねむ)りをする : 앉아서 졸다

別(わか)れる : 헤어지다
早寝早起(はやねはやお)き : 일찍 자고 일찍 일어나기
注意(ちゅうい)する : 주의하다, 염려하다
無駄遣(むだづか)い : 낭비

お金(かね)がかかる : 돈이 들다
授業中(じゅぎょうちゅう) : 수업중

第36課　ことになる・ようになる

9月に転校することになりました
9월에 전학가게 되었습니다

---

❶ 의미

ことになる　～하게 되다(결정되다)
ようになる　～하게 되다(변화되다)

❷ 접속

동사의 사전형

❸ 용법

① 「ことになる」는 어떠한 일이 자신의 의지와 관계없이 정해지는 것을 나타내므로 「ことに決まる」로 바꾸어 쓸 수 있다. 또한 「ことになる」는 경우에 따라서는 자신의 의지로 정한 일이라 하더라도, 조금 부드럽게 말하고 싶을 때는 이 표현을 사용할 수 있다. 「ことになっている」의 표현을 쓰면, 정해진 일이 현재에도 실행되고 있음을 나타내기도 하고, 암암리에 누구나가 알고 있는 약속이나 계약, 법률, 규칙, 관례 등으로 인한 구속을 나타내기도 한다.

旅行に行く人は、一ヶ月前までにお金を払うことになっている。
(여행을 가는 사람은 한 달 전까지 돈을 지불하기로 되어 있다.)

私、来年4月に結婚することになりました。
(나는 내년 4월에 결혼하기로 했습니다.) [자기 의지 결정의 부드러운 표현]

規則では、不正を行った人は不合格ということになっている。
(규칙상으로는 부정행위를 한 사람은 불합격으로 처리하게 되어 있다) [규칙]

②「ようになる」는 가능성, 상황, 습관 등의 변화 과정을 나타내는 표현으로 불가능한 상태에서 가능한 상태로, 실행되지 않았던 상태에서 실행이 된 상태로 변화됨을 나타낸다. 또한「ようになる」의 앞에 오는 동사는 가능동사 등의 가능표현이 오는 일이 많다. 부정표현인「ないようになる」는「なくなる」로 바꾸어 쓸 수 있다.

日本語が話せるようになった。(일본어를 할 수 있게 되었다.)
私は毎朝ジョギングをするようになった。(나는 매일 아침 조깅을 하게 되었다.)
赤ちゃんが歩けるようになった。(아기가 걸을 수 있게 되었다.)
ひどく叱ったら、文句を言わないようになった。[= 文句を言わなくなった]
(호되게 꾸짖었더니, 불평불만을 하지 않게 되었다.)

③「ことになる」VS「ようになる」

うちの息子は泳げることになった。(우리 아들은 수영을 할 수 있게 되었다.)
[약물 복용 등으로 수영이 금지되었던 선수(아들)가 징계가 풀려 수영대회에 출전할 수 있도록 결정되었다]
うちの息子は泳げるようになった。(우리 아들은 수영을 할 수 있게 되었다.)
[노력 등으로 점점 변화해서 수영을 하지 못하던 상황에서 수영을 할 수 있는 상황에 도달한 상태]

※ 가능 동사에 관해서는 37과(p.144)를 참조할 것.

어휘력 jump

1. 나는 3월 달부터 필리핀에서 일을 하게 되었습니다.
   _____。

2. 당신은 10월 달부터 중급반에서 공부하게 되었어요.
   _____。

3. 우리 회사는 도쿄(東京)의 교외로 이전하게 되었습니다.
   _____。

4. 아이가 편식하지 않고, 무엇이든지 잘 먹게 되었습니다.
   _____。

5. 나는 회사에 근무하면서부터, 화장을 하게 되었습니다.
   _____。

6. 눈이 나빠져서, 안경을 쓰게 되었습니다.
   _____。

7. 매일 연습했기 때문에, 나는 500m나 헤엄칠 수 있게 되었습니다.
   _____。

관련어휘 ●●▶

フィリピン : 필리핀 　　中級(ちゅうきゅう) : 중급 　　当社(とうしゃ) : 우리 회사
郊外(こうがい) : 교외 　　移転(いてん) : 이전 　　(食べ物の)好(す)き嫌(きら)い : 편식
勤(つと)める : 근무하다 　　化粧(けしょう) : 화장
目(め)が悪(わる)くなる : 눈이 나빠지다 　　眼鏡(めがね)をかける : 안경을 쓰다
練習(れんしゅう) : 연습 　　泳(およ)げる : 헤엄칠 수 있다(泳ぐ의 가능동사)

第37課　가능동사(e−る・られる)

いびきがうるさくて、眠れません
코고는 소리가 시끄러워서 잘 수가 없습니다

❶ 의미

~할 수 있다.

❷ 접속

1그룹동사　어미를 え단으로 바꾸고 + る

2그룹동사　①어미 る를 떼고 + られる, ②어미를 え단으로 바꾸고 + る(ら抜きことば)

3그룹동사　来る → 来られる(来れる), する → できる

❸ 용법

① 가능동사 「V+e−る, V+られる」 만들기

1그룹동사	동사 어미의 「え단」 + 「る」
예	書く → かけ + る ⇒ 書ける(쓸 수 있다) 会う → あえ + る ⇒ 会える(만날 수 있다)
2그룹동사	동사의 ない형(る를 없앤 형태) + 「られる」 / ら抜きことば
예	食べる → たべ + られる ⇒ 食べられる(먹을 수 있다) / 食べれる 見る → み + られる ⇒ 見られる(볼 수 있다) / 見れる
3그룹동사	불규칙적인 형태로 접속
예	する → できる(할 수 있다) / 招待する → 招待できる(초대할 수 있다) くる → こられる / これる(올 수 있다)

② 가능동사구문에서는 보통, 대상 「を」를 「が」로 바꾸어 표현한다.

私(わたし)は納豆(なっとう)を食(た)べる。 (나는 낫토를 먹는다.)
→ 私(わたし)は納豆(なっとう)が食(た)べられる。 (나는 낫토를 먹을 수 있다.)

③ 그러나 간혹 「を」를 「が」로 바꾸지 않고 그대로 쓰는 경우도 있다. 예를 들면, 가능표현에 있어서 행위의 대상이 사람일 경우에는, 그 대상을 행위의 주체로 혼동하기 쉬우므로, 그런 혼동을 막기 위해, 「が」를 쓰지 않고 「を」를 그대로 쓰는 일도 있다.

お兄(にい)さんを手伝(てつだ)う → (??)お兄(にい)さんが手伝(てつだ)える
(누군가가 형을 도울 수 있다는 것인지, 아니면 형이 누군가를 도울 수 있다는 것인지가 명확하지 않다.)
(○)お兄(にい)さんを手伝(てつだ)える。((누군가가) 형을 도울 수 있다.)

Check Point

「ら抜きことば」(ら가 빠진 말)

예전에는 1그룹동사도, 2그룹동사의 경우와 흡사하게 「동사의 ない형＋れる」의 형식(読む→読まれる)으로 만들었으나, 현재는 이러한 형식으로 만드는 것은 [行く→行かれる]정도이고, 1그룹동사의 어미를 「え단」으로 고쳐 「る」를 붙이는 형식밖에 쓰이지 않는다. 이러한 1그룹동사 가능형의 변화에 따른 유추현상에 기인한 것인지, 현대어에서는 문법적으로는 잘못된 표현이지만, 실제적으로는 2그룹동사마저도 동사의 어미를 「え단」으로 고쳐 「る」를 붙이는 형식을 병행해 쓰기도 한다. 그러나 현재의 경향으로는 이러한 방법으로 가능동사를 만들어 쓰는 일이 더 많다고 할 수 있겠다. 3그룹동사 「来る」도 거의 같은 현상을 보이고 있다. 이러한 현상에 의해 만들어진 말을 「ら抜きことば」(ら가 빠진 말)라고 한다.

2그룹동사　食(た)べ(ら)れる ＝ 食(た)べれる　　見(み)(ら)れる ＝ 見(み)れる
　　　　　　着(き)(ら)れる ＝ 着(き)れる　　　出(で)(ら)れる ＝ 出(で)れる
3그룹동사　来(こ)(ら)れる ＝ 来(こ)れる

어휘력 jump

1. 차 소리가 시끄러워서 잘 수가 없다.
   _____。

2. 라면을 먹을 수 있는 곳에 가고 싶군요.
   _____。

3. 가고 싶지만, 내일은 바빠서 못 갑니다.
   _____。

4. 당신은 선생님 앞에서 거짓말을 할 수 있습니까?
   _____。

5. 당신은 컵라면을 먹으면서 자전거를 탈 수 있습니까?
   _____。

6. 나는 부모님을 위해서는 목숨도 버릴 수 있다.
   _____。

7. 일본에서는 사람들이 열을 지어 줄서 있는 모습은 어디서든 볼 수 있습니다.
   _____。

관련어휘 •••▶

音(おと) : 소리
ラーメン : 라면
カップラーメン : 컵라면
両親(りょうしん) : 부모님
人々(ひとびと) : 사람들
並(ならぶ) : 줄서다

うるさい : 시끄럽다
忙(いそが)しい : 바쁘다
〜ながら : 〜하면서
命(いのち) : 목숨
行列(ぎょうれつ)を作(つく)る : 행렬을 지다
姿(すがた) : 모습

眠(ねむ)る : 자다
嘘(うそ)をつく : 거짓말을 하다
自転車(じてんしゃ) : 자전거
捨(す)てる : 버리다

第38課　ば

カップラーメンは、お湯を注げば、3分でオーケーです
컵라면은 끓는 물을 부으면 3분에 OK입니다

❶ 의미

~(하)면

❷ 접속

명사＋なら(ば), 동사·い형용사·な형용사의 가정형

❸ 용법

① 「논리적 사실 및 진리」, 또는 「자연현상」이나 「습관적, 반복적 사실」과 같이 **[항상적, 일반적 조건]**에 많이 사용된다. 이 경우의 「ば」는 대부분 「と」로 바꾸어 쓸 수 있다.

　10を5で割れば、2になる。 (10을 5로 나누면, 2가 된다.)
　春が来れば、花が咲く。 (봄이 오면, 꽃이 핀다.)
　水は100度になれば、沸騰する。 (물은 100도가 되면, 끓어오른다.)
　まっすぐ行けば、左側に銀行があります。 (쭉 가면, 왼편에 은행이 있습니다.)

② 「ば절」 뒤의 사실에서 적극적으로 화자의 의지를 표현하는 조건문에 쓰인다. 따라서 ば절 뒤에 의지, 예상, 허가, 희망 등의 표현이 온다. 이 경우에는 「と」로 바꾸어 쓸 수 없다.

　この道をまっすぐ行けば、学校に着くと思う。 (이 길을 똑바로 가면, 학교에 도착할 것 같다.)
　あなたが言えば、みなすぐ納得するだろう。 (당신이 말하면, 모두 바로 납득할 거야.)
　環境がよければ、住みたい。 (환경이 좋으면, 살고 싶다.)

③ 앞의 사실이 실현될 것을 가정해서, 뒤의 사실을 말할 때 쓰인다.[가정조건]

手術をすれば、助かるでしょう。 (수술하면, 생명에는 지장이 없겠죠.)
成績がよければ、大学に入れる。 (성적이 좋으면 대학에 들어갈 수 있다.)

④ 앞에 오는 술어가 상태를 나타내는 술어(ある 등의 일부동사, 형용사 등)일 경우에는 「ば절」뒤에는 「명령, 의지, 권유, 희망」등의 주관적 표현이 올 수 있지만, 동작을 나타내는 술어(ある 등의 상태성 동사를 제외한 동사, 즉 行く, 買う 등)일 경우에는 이러한 주관적 표현이 올 수 없다. 이때는 일반적으로 「たら」를 써야 한다.

高ければ、買わないつもりです。 (비싸면, 사지 않을 작정입니다.)
今度の土曜日、天気がよければ、ドライブに行こうよ。 (날씨가 좋으면, 드라이브 가자.)
家へ{(×)帰れば/(○)帰ったら}、すぐお風呂に入りたい。 (집에 돌아가면, 곧바로 목욕을 하고 싶다.)
学校に{(×)行けば/(○)行ったら}、先生にこの書類を渡しなさい。
(학교에 가면 선생님께 이 서류를 건네주세요.)

⑤ 「ば」는 현실과 반대되는 사실을 가정할 수 있다.[反事実](「と」와는 교체불가능)

(○)あの時、父が許してくれていれば、彼女と結婚できた。
(×)あの時、父が許してくれていると、彼女と結婚できた。
　　　(그 당시, 아버지가 허락해주셨다면 그녀와 결혼할 수 있었다.)

⑥ 불변의 법칙 등의 조건에 많이 쓰이는 조건표현이므로 속담(ことわざ)이나 격언의 조건표현에 많이 쓰인다.

ちりも積もれば山となる。 (먼지도 쌓이면 산이 된다 ; 티끌 모아 태산.)
急がば回れ。 (급할수록 돌아가라.)
終りよければすべてよし。 (끝이 좋으면 만사 오케이.)
備えあれば憂いなし。 (유비무환)

어휘력 jump

1. 봄이 되면, 매화꽃, 복숭아꽃, 벚꽃 순으로 피기 시작합니다.
   _____。

2. 학교를 너무 쉬면, 유급하게 됩니다.
   _____。

3. 요즘 식품은 전자레인지에 돌리면, 바로 먹을 수 있는 것이 많이 있습니다.
   _____。

4. 일본의 경우, 전화번호는 104번으로 물어보면, 바로 알 수 있습니다.
   _____。

5. 먼지도 쌓이면, 산이 된다(티끌 모아 태산).
   _____。

6. 영양을 생각해서 잘 먹지 않으면, 병에 걸립니다.
   _____。

7. 힘든 일이 있으면, 즐거운 일도 있습니다.
   _____。

관련어휘 •••▶

梅(うめ) : 매화
順(じゅん)で : 순서대로
あまり : 너무(긍정표현 수반)
チンする : 전자레인지에 돌리다
104番(いちまるよんばん) : 104번
積(つも)る : 쌓이다
苦(くる)しい : 괴롭다, 힘들다

桃(もも) : 복숭아
咲(さ)く : 피다
留年(りゅうねん) : 유급
場合(ばあい) : 경우
聞(き)く : 묻다, 듣다
栄養(えいよう) : 영양
楽(たの)しい : 즐겁다

桜(さくら) : 벚꽃, 벚나무
(동사ます형)+はじめる : ~하기 시작하다
食品(しょくひん) : 식품
番号(ばんごう) : 번호
塵(ちり) : 먼지
病気(びょうき)になる : 병에 걸리다

第39課　と

食べ過ぎると、お腹をこわします
너무 많이 먹으면 배탈이 납니다

❶ 의미

~하면, ~하자, ~더니

❷ 접속

동사·い형용사·な형용사 사전형

❸ 용법

① 진리나 법칙, 불변의 자연현상 등과 같이, **앞의 사항이 성립하면 뒤의 사항도 필연적으로 성립할 때** 쓰인다.(논리적, 반복적 사실)

　1に1を足すと2になる。(1에 1을 더하면, 2가 된다.)
　春が来ると、花が咲く。(봄이 오면, 꽃이 핀다.)
　水は100度になると、沸騰します。(물은 100도가 되면, 끓어오른다.)

② 지리적인 설명이나 일반적인 상식을 나타낼 때 쓰인다.(**일반적, 항상적인 사실**)

　まっすぐ行くと、左側に銀行があります。(쭉 가면, 왼편에 은행이 있습니다.)
　ビールは冷たくないと、おいしくないです。(맥주는 차갑지 않으면, 맛이 없습니다.)

③ 언제나 그렇게 되는 것은 아니지만, 일회적으로라도 어떤 조건이 갖춰지면 반드시 그러한 일이 일어난다는 것을 나타낸다.(**확정조건**)

　私は彼女と9月になると、結婚します。(나는 그녀와 9월이 되면, 결혼합니다.)

あの子は3月になると、小学校に入学します。 (저 아이는 3월이 되면, 초등학교에 입학합니다.)

④ 때(시기)를 한정해서, 어떤 동작을 하고 있을 때, 거의 동시에 다른 동작이 일어남을 나타낸다. 다시 말하면 앞의 사실이 계기가 되어 뒤의 사실을 알게 되었다고 하는 것을 나타낸다.**(연속동작)**

私が食べると、みんなも食べ始めた。 (내가 먹자, 모두들 먹기 시작했다.)
私を見ると、すぐ泣き出した。 (나를 보자마자, 바로 울기 시작했다.)
四つ角を曲がると、すぐに彼女のマンションが見えた。
(사거리를 돌자, 바로 그녀의 아파트가 보였다.)

⑤ 특정인의 현재의 습관이나 동작의 반복을 나타낼 때 쓰인다.**(습관적, 반복적 사실)**

兄は冬になると、毎年スキーに行く。 (형은 겨울이 되면 매년 스키를 타러 간다.)
私はお酒を飲むと、いつも手がしびれる。 (나는 술을 마시면, 항상 손이 저린다.)
彼は女の人に会うと、いつも顔が真っ赤になる。 (그는 여자를 만나면, 항상 얼굴이 새빨개진다.)

⑥ 「と」는 기본적으로 반복적, 항상적 습관적 사실을 표현할 때 사용되므로, 「と절」뒤에는 「명령, 의지, 권유, 희망」 등을 나타내는 주관적 표현을 사용할 수 없다. 이때는 「たら」를 써야 한다.

さくらが{(×)咲くと / (○)咲いたら}、花見に行け。 (벚꽃이 피면 꽃구경 가라.)
冬休みに{(×)なると / (○)なったら}、スキーに行きたい。 (겨울 방학이 되면 스키 타러 가고 싶다.)
授業が{(×)終わると / (○)終わったら}、遊びに来てください。 (수업이 끝나면 놀러 오세요.)

어휘력 jump

1. 8에 8을 더하면, 16이 됩니다.
_____。

2. 수소와 산소를 섞으면, 물이 됩니다.
_____。

3. 일본에서는 저녁 5시가 되면, 우체국이나 관공서는 문이 닫힙니다.
_____。

4. 올챙이는 성장하면, 개구리가 됩니다.
_____。

5. 시일(시간)이 지나면, 저절로 익숙해집니다(익숙해져 옵니다).
_____。

6. 비가 오지 않으면, 농작물이 말라버립니다.
_____。

7. 20살이 되지 않으면, 선거권이 없습니까?
_____。

관련어휘 •••▶

足(た)す : 더하다
混(ま)ぜる : 섞다
閉(し)まる : (문이) 닫히다
蛙(かえる) : 개구리
自然(しぜん)に : 저절로
枯(か)れる : 마르다, 시들다

水素(すいそ) : 수소
郵便局(ゆうびんきょく) : 우체국
おたまじゃくし : 올챙이
月日(つきひ) : 세월, 시일
馴(な)れる : 익숙해지다
二十歳(はたち) : 20살

酸素(さんそ) : 산소
役所(やくしょ) : 관공서
成長(せいちょう) : 성장
経(た)つ : 지나다
作物(さくもつ) : 작물, 농작물
選挙権(せんきょけん) : 선거권

第40課 たら

にんじんを買ったら、だいこんはおまけです
당근을 사면, 무는 덤입니다

❶ 의미

~(하)면, ~하다면, ~더니, ~데

❷ 접속

명사·동사·い형용사·な형용사 + た형

❸ 용법

① **개별적, 1회적인 사건**이나, **우연히 발생하는 사건**, 또는 시간이 경과되면 성립되는 사실 등에 사용된다.

今年は、冬休みになっ**たら**、北海道へスキーに行きます。
(올해는 겨울방학이 되면, 북해도에 스키를 타러 가겠습니다.)
暑かっ**たら**、窓を開けてください。 (더우면 창문을 열어주세요.)
昨日デパートに行っ**たら**、偶然、先生に会った。 (어제 백화점에 갔다가 우연히 선생님을 만났다.)
うちの子は今年9月になっ**たら**、満3歳になります。 (우리 아이는 올 9월이 되면, 만 3살이 됩니다.)

② 「たら」는 **가정조건**(たら절 내용의 성립여부를 알 수 없을 때)과, **확정조건**(たら절 내용의 성립여부를 알 수 있을 때)에 모두 쓸 수 있다. 이러한 종류의 「たら」는 가정조건의 경우에는 「ば」로 바꾸어 쓸 수 있으나, 확정조건의 경우에는 「ば」로 바꾸어 쓸 수 없다.

가정조건 明日雨が{(○)降っ**たら**/(○)降れ**ば**}、試合は中止だ。 (내일 비가 오면 시합은 중지다.)
ゲームに{(○)負け**たら**/(○)負けれ**ば**}、踊ってください。 (게임에 지면, 춤을 추세요.)

확정조건 午後に{(○)なったら/(×)なれば}、家を探しに行きましょう。
(오후가 되면 집 보러 갑시다.)
3月に{(○)なったら/(×)なれば}、引っ越しするつもりです。
(3월이 되면, 이사할 생각입니다.)

③ 앞의 조건절에 동작이나 변화를 나타내는 동사가 올 경우,「たら」는 뒤에「명령, 의지, 권유, 희망」등을 나타내는 주관적 표현이 올 수 있으나,「ば」뒤에는 이러한 주관적 표현을 쓸 수 없다.

家へ{(○)帰ったら/(×)帰れば}、すぐお風呂に入りたい。(집에 돌아가면, 바로 목욕을 하고 싶다.)
お風呂に{(○)入ったら/(×)入れば}、すぐ寝なさい。(목욕을 하면 바로 자라.)

④「たら」는, たら절 뒤에 오는 주절에 어떠한 시제(과거·현재·미래)가 오더라도 제약없이 사용할 수 있다.

昨日デパートに行ったら先生に会った。[과거]
(어제 백화점에 갔더니, 선생님을 만났다.)
勉強していたら、友達から電話がかかってきた。[현재]
(공부를 하고 있는 데 친구한테 전화가 걸려왔다.)
明日学校に行ったら、この手紙を先生に渡しなさい。[미래]
(내일 학교에 가면, 이 편지를 선생님께 건네주세요.)

어휘력 jump

1. 만약 1억 엔짜리 복권에 당첨된다면, 나는 집을 짓겠습니다.
   _____。

2. 만약 잔업으로 늦어진다면, 오늘밤 데이트는 취소해야 합니다(중지입니다).
   _____。

3. 만약 게임에서 진다면, 노래를 불러 주십시오.
   _____。

4. 만약 당신이 바람을 피운다면, 부인은 반드시 울 것입니다.
   _____。

5. 만약 지장이 없다면 사정을 들려주세요.
   _____。

6. 텔레비전을 보고 있지 않으면, 꺼도 괜찮겠습니까?
   _____。

7. 만약 오늘 표를 살 수 없다면, 내일 표로 하겠습니다.
   _____。

관련어휘 ●●▶

もし : 만약, 만일
当(あ)たる : 당첨되다, 맞다
デート : 데이트
浮気(うわき)をする : 바람을 피우다
聞(き)かせる : 들려주다

宝(たから)くじ : 복권
建(た)てる : 세우다, 설립하다
中止(ちゅうし) : 중지
差(さ)し支(つか)え : 지장
消(け)す : 끄다

一億(いちおく) : 1억
残業(ざんぎょう) : 잔업
負(ま)ける : 지다
事情(じじょう) : 사정
切符(きっぷ) : 표

第41課   なら

出かけるなら、戸締まりをきちんとしてください
나갈 거면 문단속을 확실히 해주세요

❶ 의미

~(이)라면, ~(할)거라면, ~(한)다면

❷ 접속

명사, 동사·い형용사 사전형, な형용사 어간

❸ 용법

① 앞의 사실에 대한 화자의 행동, 의지, 의견, 조언, 판단 등을 표현할 때 쓰인다.

その話なら、もう知っています。 (그 이야기라면, 이미 알고 있어요.)
あなたが行くなら、私も行きます。 (당신이 갈거라면, 나도 가겠습니다.)
納豆が嫌いなら、食べなくてもいいですよ。 (낫토를 싫어하면, 먹지 않아도 괜찮아요.)

② 「なら」는 일반적으로 앞의 사실(조건절의 내용)을 새로 알게 되는 경우에 쓰이므로, 반복적이고 일반적인 사실, 습관 등을 나타낼 때는 쓸 수 없으며, 이 경우에는 「ば」나 「と」를 써야 한다.

(×)春になるなら、花が咲きます。 {(○)春になれば/(○)春になると}
(×)まっすぐ行くなら、左側に銀行があります。 {(○)行けば/(○)行くと}

③ 「なら」는 일반적으로 앞의 사실이 실현되기 이전에 성립되는 화자의 판단이나 의지를 나타낼 때 쓰기 때문에, 뒤의 사실에는 과거나 객관적 사실은 올 수 없다.

(×)辞書を見るなら、わかりました。(たら가 적당함.)
(×)家に帰るなら、友達が来ていた。(と・たら가 적당함.)
(×)窓を開けるなら、富士山が見える。(と・ば・たら가 적당함.)

④「시간적 관계」에 있어서, 뒷문장의 사실이 먼저 성립되고, 앞문장의 사실이 그 후에 성립될 경우에는「なら」만을 사용할 수 있다. 따라서 이러한 경우에는 と・ば・たら는 사용 할 수 없게 된다.

明日試験があるなら、今晩一生懸命に勉強しなさい。
(내일 시험이 있다면, 오늘 밤 열심히 공부하세요.)

明日引っ越すなら、今日はゆっくり休んだほうがいいですよ。
(내일 이사할거면, 오늘은 푹 쉬는 게 좋아요.)

Check Point

「なら」VS「たら」

「なら」와「たら」를 시간적 관계의 관점에서 비교해 보면,「なら」는 앞문장의 사실보다 뒷문장의 사실이 먼저 성립하게 되어,「たら」의 경우와 다른 점을 알 수 있다.

a. 国に帰るなら、連絡してください。(고국에 돌아갈 거라면, (미리) 연락해 주세요.)
b. 国に帰ったら、連絡してください。(고국에 돌아가면, (고국에 도착해서) 연락해 주세요.)

「なら」가 쓰인 a의 경우는 앞의 사실인「国に帰る」보다, 뒤의 사실인「連絡する」가 먼저 성립함을 알 수 있다. 반면에「たら」가 쓰인 b의 경우는, 뒤의 사실인「連絡する」보다 앞의 사실인「国に帰る」가 먼저 성립하게 되어, 시간적 관계에 있어 반대의 현상을 보이고 있음을 알 수 있다.

어휘력 jump

1. 너를 위해서라면 죽을 수 있어.
   _____。

2. 일시 귀국하려면, 귀국 신고서를 내 주십시오.
   _____。

3. 환전을 하려면, 은행으로 가 주십시오.
   _____。

4. 방을 빌리려면, 회사 근처도 봐 두는 것이 좋습니다.
   _____。

5. 이혼하려면, 자식 일 가장 먼저 생각하세요.
   _____。

6. 등산을 하려면, 철저히 준비하고, 일기예보에 주의 할 것.
   _____。

7. 수업중 화장실에 가려면, 선생님에게 확실하게 양해를 구해 주십시오.
   _____。

관련어휘 ●●▶

きみ : 너, 자네
出(だ)す : 내다
借(か)りる : 빌리다
一番(いちばん)に : 가장 먼저
準備(じゅんび) : 준비
きちんと : 확실히, 말끔히

一時(いちじ) : 일시
両替(りょうがえ) : 환전
近(ちか)く : 근처
登山(とざん) : 등산
注意(ちゅうい) : 주의
断(ことわ)る : 양해를 구하다

帰国届(きこくとどけ) : 귀국신고
銀行(ぎんこう) : 은행
離婚(りこん) : 이혼
しっかり : 확실히, 철저히
~こと : ~할 것

第42課 수동표현 I (직접수동)

遅く帰ったので父に叱られました
늦게 귀가해서 아빠한테 혼났습니다

❶ 접속

동사의 수동형 만들기(수동형은 소유자수동, 간접수동의 경우도 동일하다)

1그룹동사	동사 ない형(어미를 あ단으로 바꾼 형태)+「れる」
예	書く → かか+れる ⇒ 書かれる 読む → よま+れる ⇒ 読まれる
2그룹동사	동사의 ない형(る를 없앤 형태)+「られる」
예	食べる → たべ+られる ⇒ 食べられる 見る → み+られる ⇒ 見られる
3그룹동사	불규칙적인 형태로 접속
예	する → される, くる → こられる

❷ 용법

① 직접수동(直接受身)문 만들기

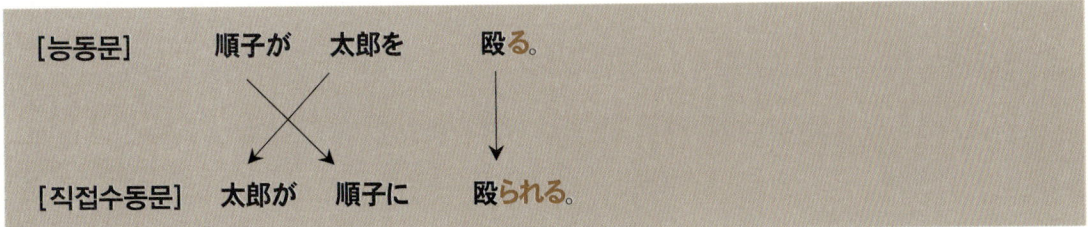

직접수동문은 다음과 같은 과정을 거쳐 만들어진다.

　　a. 가장 기본적인 수동문으로, 우리말이나 영어에서 흔히 볼 수 있는 수동문이다.
　　b. 능동문의 목적어가 수동문의 주어로 온다.(太郎を[능]→太郎が[수])

c. 능동문의 주어(행위자)는 수동문에서 조사「に」(또는 から, によって, で 등)의 형태를 취하고 보어의 역할을 한다.(順子が[능]→順子に[수])

d. 수동문의 주어(太郎)는 능동문의 주어(順子)가 행하는 동작으로부터 직접적인 작용이나 영향을 받는다고 하는 특징을 보인다.

　　子供が犬に嚙まれる[嚙む]。(아이가 개에게 물리다.)
　　私は電車の中で、後ろの人に押された[押す]。(나는 전철 안에서, 뒷사람에게 밀렸다.)
　　学生が先生にほめられる[ほめる]。(학생이 선생님에게 칭찬을 받는다.)
　　彼はまじめなので、誰からも信頼されている[信頼する]。
　　(그는 성실하기 때문에 누구에게나 신뢰받고 있다.)

② 대체적으로 직접수동문의 주어에는 사람(동물)이 오지만, 다음과 같이 수동문의 주어로 무생물이 오는 경우도 있다.

　　オリンピックは4年に1回開かれます[開く]。(올림픽은 4년에 한 번씩 열립니다.)
　　『無情』は1917年に(李光洙によって)書かれた[書く]。(무정은 1917년 (이광수에 의해) 쓰여졌다.)
　　景福宮は、1395年に建てられた[建てる]。(경복궁은 1395년에 지어졌다.)

무생물이 주어인 수동문에 있어서, 행위자를 명시할 경우에는「によって」를 사용하는 일이 많다. 이 이외에도 행위자를 명시할 때 쓰이는 대표적인 조사로서는「から、で」등이 있다.

　　彼はみんな[に/から]愛されている[愛する]。(그는 모든 사람으로부터 사랑받고 있다.)
　　昨日の台風で多くの木が倒された[倒す]。(어제의 태풍으로 많은 나무들이 쓰러졌다.)

어휘력 jump

1. 나는 선배로부터 파티에 초대 받았습니다.
   _____。

2. 어릴 적 엄마를 잃은 나는 할머니에 의해 자랐습니다.
   _____。

3. 사토(佐藤) 씨는 항상 예습 복습을 해서, 선생님께 칭찬 받았습니다.
   _____。

4. 우리 아이는 항상 웃고 있어서 주위 사람들에게 귀여움을 받고 있습니다.
   _____。

5. 맥주는 1년 동안에 어느 정도 마셔지고(소비되고) 있습니까?
   _____。

6. 세계 정보는 통신위성으로 바로 전해집니다.
   _____。

7. 두부는 콩으로 만들어지고, 소면은 밀가루로 만들어집니다.
   _____。

관련어휘 ●●▶

先輩(せんぱい) : 선배
招待(しょうたい) : 초대
招(まね)く : 초대하다
亡(な)くす : 잃다, 여의다
祖母(そぼ) : 할머니
育(そだ)てる : 기르다, 양육하다
予習(よしゅう) : 예습
復習(ふくしゅう) : 복습
褒(ほ)める : 칭찬하다
可愛(かわい)がる : 귀여워하다
情報(じょうほう) : 정보
通信衛星(つうしんえいせい) : 통신위성
伝(つた)える : 전하다
豆腐(とうふ) : 두부
大豆(だいず) : 콩
素麺(そうめん) : 소면
小麦粉(こむぎこ) : 밀가루(=メリケン粉(こ))
作(つく)る : 만들다

第43課　수동표현Ⅱ(소유자수동)

彼は彼女にハイヒールで脚を蹴られた
그는 그녀에게 하이힐로 다리를 차였다

❶ 접속

동사의 수동형 만들기는 「직접수동」의 경우와 같다.

❷ 용법

① 소유자수동표현의 특징

「소유자수동」은 일본어에서는 「持ち主の受身」라 부르는 일이 많은 데, 능동문의 목적어(신체 일부분이나 소유물, 소지품, 가족 등)의 소유자가 수동문의 주어로 오기 때문에 소유자 수동이라고 한다. 일본어의 경우에 비해 제한적이긴 하나 우리말에도 이와 같은 소유자 수동이 있다.

[우리말의 소유자 수동 : 모기가 내 얼굴을 물었다 ⇨ 나는 모기한테 얼굴을 물렸다]

② 소유자수동(持ち主の受身)문 만들기

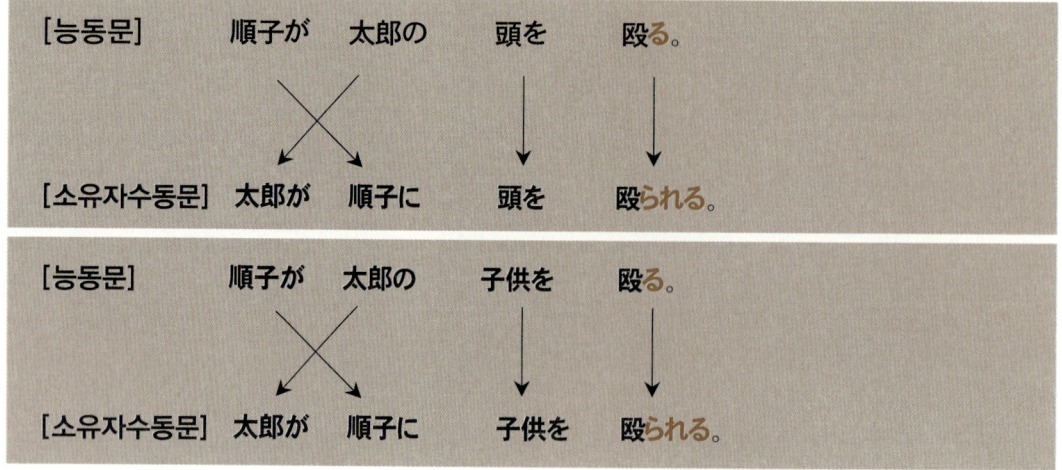

소유자수동문은 다음과 같은 과정을 거쳐 만들어진다.

- a. 능동문의 목적어의 소유자가 수동문의 주어로 온다.(太郎の[능]→太郎が[수])
- b. 능동문의 주어(행위자)는 수동문에서 조사「に」(혹은 から 등)의 형태를 취하고 보어의 역할을 한다.(順子が[능]→順子に[수])
- c. 능동문의 목적어「~を」는 수동문에서도 그대로 목적어의 형태「~を」로 남는다. (頭を / 子供を[능]→頭を / 子供を[수])
- d. 능동문의 주어(順子)가 행하는 동작으로부터 우선 이른바 소유물(頭, 子供)이 직접적인 작용이나 영향을 받고, 이로 인해, 수동문의 주어(太郎)도 직·간접적으로 작용이나 영향을 받는다고 하는 특징을 보인다.
- e. 일반적으로 소유자수동문의 주어에는 사람(동물)이 온다.

　　昨日の夜、私は蚊に耳を刺されました[刺す]。 (어젯밤, 나는 모기한테 귀를 물렸습니다.)
　　私は今朝電車の中で、隣の人に足を踏まれた[踏む]。
　　(나는 오늘 아침 전철 안에서, 옆 사람에게 발을 밟혔다.)
　　私はバスの中で、財布をすられた[する]。 (나는 버스 안에서, 지갑을 소매치기 당했다.)
　　私は先生に発音をほめられた[ほめる]。 (나는 선생님께 발음을 칭찬 받았다.)

③ 우리말에서는 수동문의 주어와 목적어가「소유주와 소유주의 신체 일부」등일 경우에만 소유자수동문이 성립하나, 일본어의 경우는 수동문의 목적어가「소유물, 가족」등일 경우에도 소유자수동문이 성립한다. 이러한 종류의 수동문을 우리말로 해석할 때는 수동문으로 그대로 해석하면 어색하기 때문에 능동문으로 해석해야 한다.

　　私は先生に子供を叱られた。 (선생님이 내 아이를 꾸짖으셨다.)
　　私は弟にりんごを食べられた。 (동생이 내 사과를 먹었다.)

어휘력 jump

1. 나는 그녀에게 팔을 꼬집혔습니다.
   _____。

2. 누군가 뒤에서 어깨를 쳐서 깜짝 놀랐다.
   _____。

3. 모기한테 손바닥을 물려서, 가려워 죽겠습니다.
   _____。

4. 기무라(木村) 씨는 어딘가에서 누군가에게 지갑을 소매치기 당했습니다.
   _____。

5. 다나카(田中) 군은 무라타(村田) 군에게 시험 점수를 보이고 말았다.
   _____。

6. 개가 고양이한테 먹이를 빼앗겼다.
   _____。

7. 당신은 어쩌다가 개한테 다리를 물렸습니까?
   _____。

관련어휘 ●●▶

腕(うで) : 팔
叩(たた)く : 치다
手(て)のひら : 손바닥
たまらない : 못 참다
点数(てんすう) : 점수
どうして : 어쩌다가, 왜

つねる : 꼬집다
びっくりする : 깜짝 놀라다
刺(さ)す : 찌르다, 물다
財布(さいふ) : 지갑
餌(えさ) : 먹이, 사료
脚(あし) : 다리

肩(かた) : 어깨
蚊(か) : 모기
痒(かゆ)い : 가렵다
する : 소매치기하다
奪(うば)う : 빼앗다
噛(か)む : 물다

第44課　수동표현Ⅲ(간접수동, 피해수동)

ちょうど出かける時に、セールスマンに来られた
막 나가려할 때에 세일즈맨이 왔다

❶ 접속
동사의 수동형 만들기는 「직접수동」의 경우와 같다.

❷ 용법

① 간접수동표현의 특징
우리말의 수동표현과 비교해 볼 때, 일본어 수동표현의 가장 큰 특징이라 하면 간접수동, 그 중에서도 자동사로 만드는 간접수동이라 할 수 있다. 일본어의 간접수동표현은 우리말에는 없는 수동표현이므로 해석할 때 주의해야한다.

② 간접수동(間接受身)문 만들기

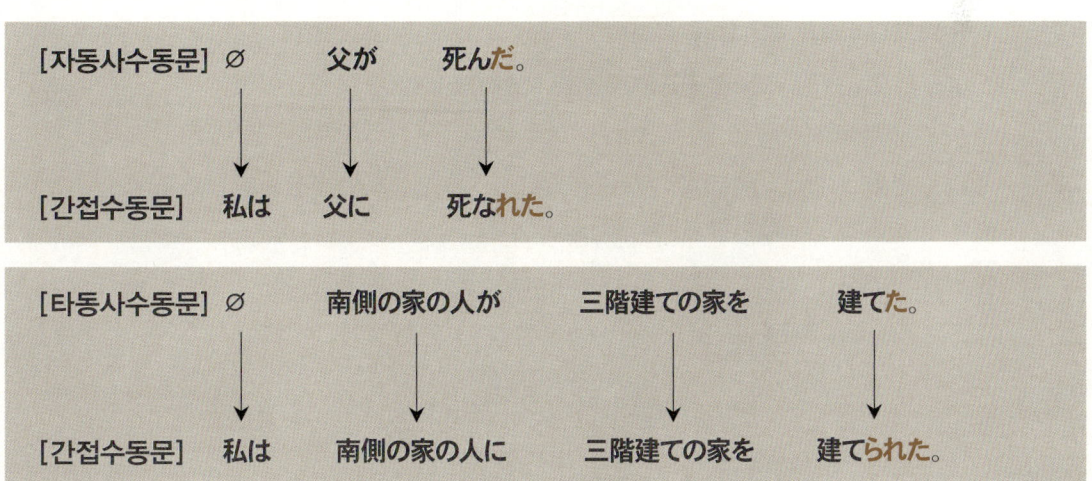

간접수동문은 다음과 같은 과정을 거쳐 만들어진다.

a. 능동문에 존재하지 않던 사람이 수동문의 주어가 된다.(×[능]→私[수])

b. 능동문의 주어는 수동문에서 조사 「に」를 취한 형태로 나타난다.(父が / 南側の家の人が[능]→父に / 南側の家の人に[수])

c. 수동문의 주어는 능동문이 나타내는 사태로부터 간접적인 영향이나 작용을 받거나 느낀다.(「私は父に死なれた」의 경우, 수동문을 씀으로써 아버지가 돌아가신 일로 화자인 내가 간접적인 영향(피해)를 입음을 확연하게 나타낼 수 있다)

d. 수동문의 주어가 받는 간접적인 영향이나 작용이란, 거의 대부분 수동문의 주어에게 피해나 마이너스적인 일이다.

e. 수동문의 주어에는 거의 모든 경우 사람이 온다.

f. 우리말에는 없는 수동이므로 우선, 능동문으로 해석하고, 그 후에 수동문의 주어가 해당 사태로부터 피해를 입는다고 하는 의미를 부가시켜 해석한다. 이 점이 단순한 능동문과 다른 점이다.

われわれは、ハイキングの途中で雨に降られた[降る]。
(우리들은 하이킹 도중에 비를 만났다.)
忙しいときお客さんに来られて、仕事ができなかった[来る]。
(바쁠 때 손님이 와서 일을 할 수 없었다.)
かけっこで、相手に先に走られて、悔しかった[走る]。
(달리기 시합에서 상대에게 추월당해 분했다.)
私は、きのうの晩、隣の家の赤ちゃんに泣かれて、眠れませんでした[泣く]。
(밤에 옆 집 아기가 울어서, 잠을 자지 못했습니다.)
狭い部屋で兄にたばこを吸われて気分が悪くなった[吸う]。
(좁은 방에서 형이 담배를 피워서 기분이 나빠졌다.)

어휘력 jump

1. 앞차가 갑자기 멈추는 바람에, 교통사고가 나 버렸습니다.
   _____ 。

2. 엄마가 쓰러지셔서, 내가 집안일을 하고 있습니다.
   _____ 。

3. 손님이 오랫동안 있어서, 예정된 일을 할 수 없었습니다.
   _____ 。

4. 다나카(田中) 씨는 외동아들이 죽어서, 슬픈 나날을 보내고 있습니다.
   _____ 。

5. 바지 속에 바퀴벌레가 들어와서, 비명을 질렀습니다.
   _____ 。

6. 하이킹을 가는 도중 비가 와서 흠뻑 젖었습니다.
   _____ 。

7. 그는 아들이 집을 나가서 상당히 풀죽어 하고 있다.
   _____ 。

관련어휘 ●●▶

止(と)まる : 멈추다
家事(かじ) : 집안일
悲(かな)しい : 슬프다
ごきぶり : 바퀴벌레
途中(とちゅう) : 도중
落(お)ち込(こ)む : (나쁜 상태에) 빠지다, 풀이 죽어있다.

交通事故(こうつうじこ) : 교통사고
長居(ながい)する : 오래 있다
日々(ひび) : 나날
悲鳴(ひめい)をあげる : 비명을 지르다
びしょ濡(ぬ)れになる : 흠뻑 젖다

倒(たお)れる : 쓰러지다
一人息子(ひとりむすこ) : 외동아들
ズボン : 바지
ハイキング : 하이킹

第45課　사역표현

駅の前で社訓を大声で言わせる
역 앞에서 사훈을 큰 소리로 말하게 한다

❶ 접속

1그룹동사	동사 ない형(어미를 あ단으로 바꾼 형태)＋「せる」
예	書く → かか＋せる ⇒ 書かせる
2그룹동사	동사의 ない형(る를 없앤 형태)＋「させる」
예	食べる → たべ＋させる ⇒ 食べさせる
3그룹동사	불규칙적인 형태로 접속
예	する → させる, くる → こさせる

❷ 용법

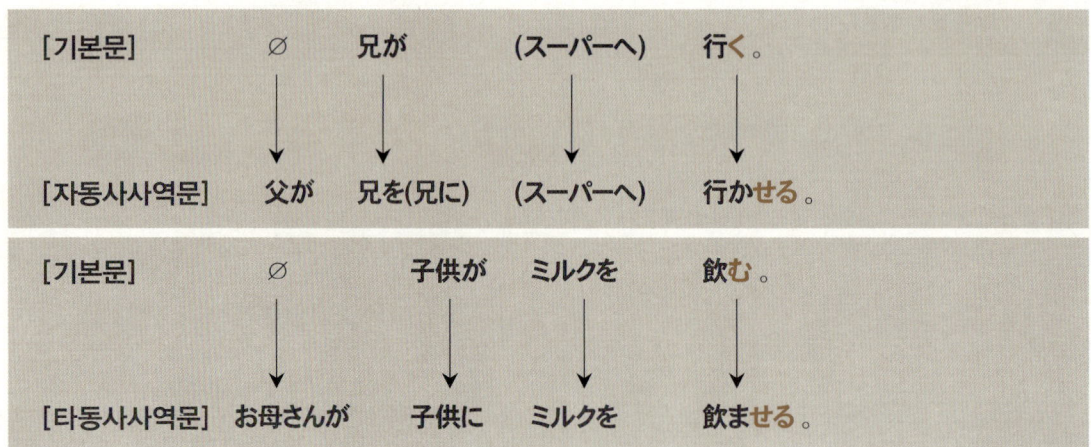

사역문의 다음과 같은 과정을 거쳐 만들어진다.

   a. 기본문에 존재하지 않던 사람이 사역자(父, お母さん)가 되어, 사역문의 주어가 된다.
     (∅[기]→父(사), ∅[기]→お母さん[사])

b. 자동사사역문의 경우, 기본문의 주어 「が」는 사역문에서 조사 「を」나 「に」로 바뀐다. 한편 타동사사역문의 경우는, 「に」로 바뀌는데, 이는 기본문의 목적어가 사역문에서도 그대로 목적어(を)로 남기 때문이다.

(자동사:兄が[기]→兄を, 兄に[사]) (타동사:子供が→子供に / ミルクを→ミルクを)

彼はいつも冗談を言ってみんなを笑わせる[笑う]。 (그는 언제나 농담을 해서 모두를 웃긴다.)
子供を外で遊びたいだけ遊ばせた[遊ぶ]。 (아이를 밖에서 놀고 싶은 만큼 놀게 했다.)
彼はうそをついて友達を怒らせた[怒る]。 (그는 거짓말을 쳐서 친구를 화나게 했다.)
先生は学生たちに本を読ませた[読む]。 (선생님은 학생들에게 책을 읽혔다.)
お父さんは子供に荷物を持たせた[持つ]。 (아버지는 아이에게 짐을 들게 했다.)
母親は子供に部屋を片付けさせた[片付ける]。 (어머니는 아이에게 방을 정리하게 했다.)

Check Point

의미에 따른 사역의 분류

① 강요　母は、いやがる子供にむりやりミルクを飲ませた。
　　　　(엄마는 싫어하는 아이에게 억지로 우유를 마시게 했다.)

② 허용　母は、飲みたがっている子供にミルクを飲ませた。
　　　　(엄마는 마시고 싶어 하는 아이에게 우유를 마시게 했다.)

③ 방임　母は子供を外で思う存分遊ばせた。 (엄마는 아이를 밖에서 마음껏 놀게 했다.)

④ 원인　この問題は多くの人を悩ませている。 (이 문제는 많은 사람들을 괴롭히고 있다.)

⑤ 과실　彼女はうっかり肉を腐らせてしまった。 (그녀는 무심코 고기를 썩게 해 버렸다.)

⑥ 후회의 기분　田中さんは娘を交通事故で死なせた。 (다나카 씨는, 딸이 교통사고로 죽었다.)
　　　　　　　　[다나카 씨에게 직접적인 사고의 책임은 없지만, 간접적으로 책임을 느낄 때 쓴다.]

어휘력 jump

1. 선생님은 학생들을 일렬로 세웠습니다.
   _____。

2. 과장님은 몸이 안 좋은 부하 직원을 빨리 돌아가게 했습니다.
   _____。

3. 나카다(中田) 씨는 이상한 말을 해서, 항상 모두를 웃게 만듭니다.
   _____。

4. 요즘 부모들은 자식에게 거의 심부름을 시키지 않는군요?
   _____。

5. 선생님은 학생에게 교실의 쓰레기를 줍게 했습니다.
   _____。

6. 엄마는 아이에게 맛은 쓰지만, 잘 듣는 약을 먹게 했습니다.
   _____。

7. 어미 새는 새끼 새에게 나는 연습을 시키고 있습니다.
   _____。

관련어휘 •••▶

一列(いちれつ)に : 일렬로
具合(ぐあい)が悪(わる)い : 몸이 안좋다
早(はや)めに : 정해진 시간보다 조금 이름
ほとんど : 거의
拾(ひろ)う : 줍다
効(き)く : 듣다, 효과가 있다
飛(と)ぶ : 날다

並(なら)ぶ : 늘어서다, 한 줄로 서다
お使(つか)い : 심부름
味(あじ) : 맛
親鳥(おやどり) : 어미새
練習(れんしゅう) : 연습

部下(ぶか) : 부하(직원)
変(へん)なことを言(い)う : 이상한 말을 하다
ごみ : 쓰레기
苦(にが)い : 쓰다
子鳥(こどり) : 새끼새

第46課　　사역수동표현

薬が嫌いなのに、むりやり飲ませられた
약을 싫어하는데 억지로 먹었다

❶ 접속

1그룹동사	동사 ない형(어미를 あ단으로 바꾼 형태)＋「せられる」
예	書く → かか＋せられる ⇒ 書かせられる
2그룹동사	동사의 ない형(る를 없앤 형태)＋「させられる」
예	食べる → たべ＋させられる ⇒ 食べさせられる
3그룹동사	불규칙적인 형태로 접속
예	する → させられる, くる → こさせられる

☞ 1그룹동사에 한해서 「せられる」는 「される」로 축약되어 쓰이기도 한다.(せら[sera]→さ[sa])
　단, 1그룹동사 중 어미가 「す」로 끝나는 동사나, 2그룹, 3그룹동사는 「される」로 축약시켜 쓸 수 없다.
　書かせられる→(○)書かされる、歌わせられる→(○)歌わされる、飲ませられる→(○)飲まされる
　話させられる→(×)話さされる、食べさせられる→(×)食べさされる、来させられる→(×)来さされる

❷ 용법

A. 사역수동 만들기

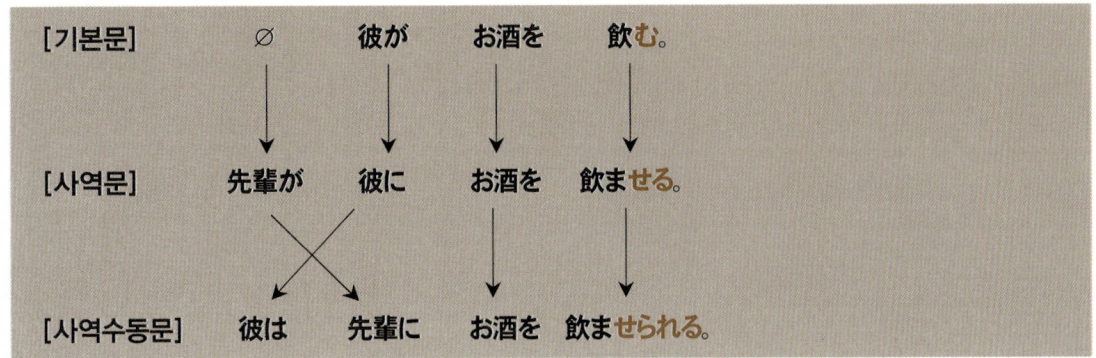

사역수동문은 다음과 같은 과정을 거쳐 만들어진다.

  a. 사역문의 주어인 사역자는 사역수동문에서 보어로 바뀌어 조사 「に」를 취한다.(先輩が[사]→先輩に[사·수]).

  b. 사역문에서 조사 「に」를 취하는 행위자는, 사역수동문에서 주어로 바뀌어 나타난다.(彼に[사]→彼が(は)[사·수]).

  c. 사역수동문이, 사역자(先輩に)가 있다는 점과 동사의 형태가 다르다(飲ませられる)는 점을 제외하고는, 기본문의 구문과 동일하다고 하는 것을 알 수 있다. 이러한 점에서, 사역수동문의 경우, 「행위자가 싫어도 어쩔 수 없이 한다」고 하는 의미는 부가되지만, 사역수동문을 우리말로 우선 기본문과 동일하게 해석할 수밖에 없는 요인이 된다.

    つまらない講義を1時間も**聞かせられた**(聞かされた)[聞く]。
    (재미없는 강의를 1시간이나 들었다.)
    私はカラオケで部長に歌を**歌わせられた**(歌わされた)[歌う]。
    (나는 노래방에서 부장님이 시켜서 어쩔 수 없이 노래를 불렀다.)

B. 사역수동을 의미상으로 분류하면, 다음과 같다.

  a. 어떤 사람의 명령이나 지시를 받아 어쩔 수 없이 행위를 하는 경우.

    先輩にむりに酒を**飲まされた**。 (선배는 억지로 술을 먹게 했다.)
    昨日は母に3時間も**勉強させられた**。 (어제는 어머니가 시켜서 어쩔 수 없이 3시간이나 공부했다.)

  b. 타인이 시키는 것은 아니지만, 결과적으로 혹은 심리적으로 어떠한 상태가 되는 경우.

    日本とのサッカーの試合の時は、いつも最後まで**ハラハラさせられる**。
    (일본과의 축구 경기 때는 언제나 마지막까지 조마조마하다.)
    私はその話を聞いて、いろいろ**考えさせられた**。
    (나는 그 이야기를 듣고 여러 가지로 생각했다.)

어휘력 jump

1. 점장은 나에게 3시간이나 잔업을 시켜 어쩔 수 없이 했습니다.
   _____.

2. 선생님은 가토(加藤) 군에게 길고 어려운 문장을 읽게 해 힘들게 읽었습니다.
   _____.

3. (나카무라(中村) 씨는 원치 않는데) 사장은 나카무라 씨를 회사에서 쫓아냈습니다.
   _____.

4. 약속 장소에서 그녀를 30분이나 기다렸다.
   _____.

5. 나는 생선회를 못 먹는데, 상사가 권해서 억지로 먹었다.
   _____.

6. 아이는 (엄마의 강요로) 억지로 싫어하는 학원에 다녔다.
   _____.

7. 국민들은 나라에 비싼 세금을 내고 있습니다.
   _____.

관련어휘 •••

店長(てんちょう) : 점장
待(ま)ち合(あ)わせ : 약속
さしみ : 생선회
塾(じゅく) : 학원
税金(ぜいきん) : 세금
文章(ぶんしょう) : 문장
場所(ばしょ) : 장소
無理(むり)やりに : 무리하게, 억지로
国民(こくみん) : 국민
払(はら)う : 지불하다, 내다
辞(や)める : 그만두다
待(ま)つ : 기다리다
上司(じょうし) : 상사
国(くに) : 나라, 국가

第47課　경어표현 I (겸양표현)

すぐにタクシーをお呼びします
곧 택시를 부르겠습니다

경어표현

　　일본어의 **경어표현**은 일반적으로 존경표현과 겸양표현, 그리고 정중표현의 3가지 표현으로 분류된다. **존경표현**은 상대를 높임으로 해서 직접적으로 경의를 나타내는 표현이며, **겸양표현**은 화자 자신을 낮춤으로 해서 간접적으로 상대에게 경의를 나타내는 표현이다. **정중표현**은 자신이 사용하는 말을 정중하게 격식을 차려서 표현함으로써 직접 상대에 대해 경의를 나타내는 표현이다.

　　겸양표현이란 화자가 청자나 제3자에 대하여 경의를 나타내기 위해 자신의 행위를 낮추어 표현함으로써 간접적으로 경의를 표현하는 말이다. 행위를 낮추는 쪽은 일반적으로 화자나 자신이 속하고 있는 회사, 가족, 기타 소속집단의 사람이다. 특히 겸양의 표현이 극히 한정되어 있는 한국어와는 달리 일본어는 「お＋ます형＋する」라는 동사의 겸양표현이 있어 훨씬 규칙적이고 생산적이라 할 수 있다. 이 이외에도 「お＋ます형＋いただく」의 틀을 사용하는 겸양표현 등이 있다.

❶ 「お(ご)＋ます형(동작성명사)＋する(いたす)」의 형

　　私の辞書を**お貸し**します。(←貸します) (제 사전을 빌려드리겠습니다.)
　　明日までには必ず**お届け**します。(←届けます) (내일까지는 틀림없이 보내드리겠습니다.)
　　またあとで、**ご連絡(お電話)**します。 (또 다음에 연락(전화)드리겠습니다)

　　「お(ご) ～する」는 가장 일반적인 겸양표현의 형태라고 할 수 있으나, 다음과 같은 동사는 「お(ご) ～する」의 형태를 사용할 수 없다.

笑う(웃다), びっくりする(놀라다), 感激する(감격하다) 등의 감정동사
帰る(돌아가다), 座る(앉다), 結婚する(결혼하다) 등의 동사

❷「동사의 ない형+(さ)せて いただく」:「~する」의 겸양어

사역에 겸양을 덧붙인 형태로, 사전에 어떤 승인이나 허락을 받아서 동작을 취하는 경우도 있으나, 실제로 승인이나 허락을 받은 것은 아니지만, 그 장소에 있는 사람들이나 관계자에게 화자 본인이 무언가를 할 것임을 격식을 차려 말하는 경우에 많이 사용하는 겸양표현이다.

今日は、これで終わらせていただきます。(← 終わります)
(오늘은 여기서 마치도록 하겠습니다.)

今日は、早く帰らせていただきたいんです。(← 帰りたいんです)
(오늘은 빨리 돌아가고 싶습니다.)

こちらのパソコン使わせていただいてもよろしいでしょうか。(← 使ってもいいですか)
(이 퍼스널 컴퓨터 사용해도 되겠습니까?)

❸「お(ご)+ます형(동작성명사)+いただく」

ご連絡(お電話)いただきまして、ありがとうございます。(연락(전화)주셔서 감사합니다.)
(○)ご協力いただいてありがとうございます。(협조해주셔서 감사합니다.)
(×)ご協力していただいてありがとうございます。[して를 쓰기 때문에 틀린 문장]

❹ 접두어, 접미어를 사용하는 형

a. 접두어「お、ご」가 붙는 예
　　お願い(부탁)、お礼(답례)、ご報告(보고)、ご相談(상의)

b. 접미어를 사용하는 경우
　　わたしども(저희를) 등

c. 명사나 대명사 자체에 겸양의 의미를 포함하는 경우
　　わたくし(저)、ちち、はは(남에게 자기 가족을 말할 때 부르는 호칭) 등

어휘력 jump

1. 제 부주의로 폐를 끼쳤습니다.
   _____。

2. 실례합니다만, 이름(성함)은 어떻게 읽으면 될까요?
   _____。

3. 신랑 신부를 위해 한 곡 부르겠습니다.
   _____。

4. 선생님을 역까지 바래다 드리고 왔습니다.
   _____。

5. 회의가 끝나는 대로 전화 드리겠습니다.
   _____。

6. 오늘은 초대해주셔서 진심으로 감사드립니다.
   _____。

7. 이 원고, 어딘가 틀린 곳이 없는지 봐 주실 수 없을까요?
   _____。

관련어휘 ●●▶

不注意(ふちゅうい) : 부주의　　迷惑(めいわく)をかける : 폐를 끼치다　　失礼(しつれい) : 실례
よろしい : 괜찮다. 좋다(よい보다 공손한 표현)　　　　　　　　　　　　新郎(しんろう) : 신랑
新婦(しんぷ) : 신부　　一曲(いっきょく) : 한 곡　　送(おく)る : 보내다. 바래다주다
会議(かいぎ) : 회의　　(동사ます형)+次第(しだい) : ~하는 대로
招(まね)く : 초대하다　　まことに : 진심으로, 정말로　　原稿(げんこう) : 원고
間違(まちが)える : 틀리다

第48課 경어표현Ⅱ(존경표현)

いかがお過ごしですか
어떻게 지내십니까?

존경표현이란 화자가 듣는 이나 제3자의 인물에 대하여 경의를 나타내기 위하여 상대방(또는 제3자)의 행위, 상태, 소유물을 높여서 표현함으로써 직접적으로 경의를 표시하는 말이며, 일반적으로 경의를 표시하는 대상은 윗사람이거나 자신이 속해있는 집단의 외부 사람이 되는 경우가 많다.

❶ 존경의 조동사 「れる、られる」

「お(ご)~になる」나 특별동사 등을 사용한 경어표현보다 경의의 정도는 떨어지나 널리 사용되는 존경표현이다.

会社にはもうレポートを出されましたか。[←出しましたか]
(회사에는 벌써 보고서를 제출 하셨습니까?)
社長もパーティーに出席されます。[←出席します]
(사장님도 파티에 참석하십니다.)

❷ 「お(ご)＋ます형＋になる」: 가장 일반적인 존경표현

どのくらいお待ちになりましたか。[←待ちましたか] (얼마나 기다리셨습니까?)
社長はもうお帰りになりましたか。[←帰りましたか] (사장님은 벌써 돌아가셨습니까?)

❸ 「お(ご)＋ます형(동작성명사)＋です」

今晩どちらにお泊まりですか。[←泊まりますか] (오늘밤은 어디서 묵으십니까?)
いつご出発ですか。[←出発しますか] (언제 출발하십니까?)

❹ 「お(ご)＋ます형(동작성명사)＋くださる(ください)」: 부탁·의뢰의 존경표현

ご連絡(お電話)くださるよう、お願いします。 (연락(전화)주시도록 부탁드립니다)
冷めないうちに、どうぞお召し上がりください。 (식기 전에, 어서 드세요)
足もとにご注意ください。 (발 밑을 주의해주세요.)

❺ 「お(ご)＋ます형(동작성명사)＋の」(~하신, ~이신)

お急ぎの(=急いでいる)方、席をお探しの(探している)方は、係員までお申し付けください。
(바쁘신 분, 좌석을 찾고 계신 분은 담당자에게 말씀해주십시오.)

❻ 「お(ご)＋ます형(동작성명사)＋なさる」

どうぞ、お入りなさい。 (어서 들어오세요.)
先生はいつもちょうど12時にお食事なさいます。 (선생님은 항상 12시 정각에 식사를 하십니다.)
いつ、ご予約なさいましたか。 (언제 예약하셨습니까?)

❼ 접두어, 접미어를 사용하는 형

a. 접두어(お / ご)가 붙는 예

「お」는 일반적으로 고유의 일본어, 즉 和語에 붙고, 「ご」는 漢語에 붙는다.

명사 : お国, お話, ご家族
い형용사 : お忙しい, お美しい
な형용사 : お元気だ, お上手だ
수사 : お二人
부사 : ごゆっくり
예외) お時間, お食事, お電話, ご都合(사정, 형편) 등

b. 「~さん、~様」 등의 접미어를 사용하는 경우

息子さん, 山田様

어휘력 jump

1. 조심해서 돌아가세요.
   _____。

2. 선생님은 30분쯤 전에 외출하셨습니다.
   _____。

3. 선생님은 항상 정각 12시에 식사를 하십니다.
   _____。

4. 부장님도 회의에 참석하신다고 합니다.
   _____。

5. 여기서 드실 겁니까? 아니면 가져가실 건가요?
   _____。

6. 주차장에 가시는 손님께서는 이쪽 엘리베이터를 이용해 주십시오.
   _____。

7. 작성하신 원고는 이번 달 말까지 보내 주십시오.
   _____。

관련어휘 •••▶

気(き)をつける : 조심하다
ちょうど : 정각, 딱, 마침
出席(しゅっせき) : 출석, 참석
それとも : 아니면
エレベーター : 엘리베이터
原稿(げんこう) : 원고

~ほど : 정도
食事(しょくじ) : 식사
召(め)し上(あ)がる : '먹다' '마시다'의 존경어
持(も)ち帰(かえ)る : 가지고 가다
利用(りよう) : 이용
今月末(こんげつまつ) : 이번 달 말

出(で)かける : 나가다, 외출하다
会議(かいぎ) : 회의
駐車場(ちゅうしゃじょう) : 주차장
作成(さくせい) : 작성

| 第49課 | 경어표현Ⅲ(특별동사 경어표현·정중어·미화어) |

冷たいビールを召し上がりますか
차가운 맥주를 드시겠습니까?

❶ 특별 동사를 사용하는 존경표현

「いらっしゃる」(가시다, 오시다, 계시다), 「おっしゃる」(말씀하시다), 「なさる」(하시다) 등과 같이 동사 자체가 존경의 의미를 갖는 특별한 동사를 사용하는 경우이다. (p.184)

山田さんはいつ韓国へいらっしゃいましたか。(←来ましたか)
(야마다 씨는 언제 한국에 오셨습니까?)
日本語の勉強はどのくらいなさいましたか。(←しましたか)
(일본어 공부는 어느 정도 하셨습니까?)
昼ご飯はもう召し上がりましたか。(←食べましたか) (점심 식사는 벌써 드셨습니까?)

❷ 특별 동사를 사용하는 겸양표현

「まいる」(가다, 오다), 「いただく」(받다), 「いたす」(하다) 등과 같이 동사 자체가 겸양의 의미를 갖는 특별한 동사를 사용하는 경우이다. (p.184)

私は韓国からまいりました。(←来ました) (저는 한국에서 왔습니다.)
先生に本をいただきました。(←もらいました) (선생님께 책을 받았습니다.)
先生にケーキをさしあげました。(←あげる) (선생님께 케이크를 드렸습니다.)

☞ 경어표현으로 쓰이는 특별동사에 대해서는 표(p.182)를 참조할 것.

❸ 정중어

화제가 되는 인물과의 관계에 의해 화제의 인물을 높이거나, 자신을 낮추어 경의를 나타내는 존경어나 겸양어와는 달리 자신이 사용하는 말을 정중하게 표현함으로써 직접 듣는 이에 대해 경의를 나타내는 말이며, 「(で)あります」의 정중한 표현인 「(で)ございます」나 「です・ます」가 여기에 속한다.

ここは会長室です。 (여기는 회장실입니다.)
私は9時から5時まで働きます。 (저는 9시부터 5시까지 일합니다.)
食堂は会社の隣にございます。 (식당은 회사 옆에 있습니다.)
本日のコーヒーは、キャラメルマキアートでございます。 (오늘의 커피는 캬라멜마키아또입니다.)

「ここは会長室です」는 다른 말로 「ここは会長室であります」로 바꾸어 쓸 수 있다. 따라서 이 문장은 「こちらは会長室でございます」로 바꾸어 주면 더 정중한 표현이 된다.

❹ 미화어

미화어는 특별히 누구에 대하여 경의를 표현하기 위한 말이 아니며, 단지 화자가 자신의 말투를 품위 있게 하기 위하여 사용하는 말이다. 미화어는 일반적으로 남성보다 여성 쪽이 많이 사용한다고 하여 「여성어」라고도 하는데, 「おしぼり」처럼 접사를 떼어버리면 다른 의미가 되어 버리는 말이 있는가하면, 「お寺、お天気」처럼 접사를 떼어도 의미가 변하지 않는 것과, 「お手洗い、ご飯」처럼 하나의 어휘로 정착이 된 경우도 있다.

또한, 최근에는 「おビール」처럼 외래어까지 접사를 붙여 미화어로 사용되어지고 있다. 명사 앞에 접두어 「お / ご」를 붙여 만든다.

お茶(차), お米(쌀), お手洗い(화장실), おやつ(간식), お天気(날씨),
ご飯(밥), ごちそう(식사), おビール(맥주) 등

존경·겸양의 의미를 가진 특별동사 및 표현

예삿말		존경어	겸양어
行く	가다	いらっしゃる、おいでになる	参る、伺う、上がる
来る	오다	いらっしゃる、おいでになる 見える、お見えになる	参る、伺う、上がる
いる	있다	いらっしゃる、おいでになる	おる
飲む・食べる	마시다・먹다	召し上がる、あがる	いただく
もらう	받다	(お受け取りになる)	いただく、ちょうだいする
する	하다	なさる	いたす、(させていただく)
くれる	주다	くださる	
あげる	주다		さしあげる
言う	말하다	おっしゃる	申す、申し上げる
見る	보다	ご覧になる	拝見する
知っている	알고 있다	ご存じだ	存じておる/存じあげる
聞く	묻다, 듣다	(お聞きになる)	伺う、承る(듣다의 경우)
訪ねる	방문하다	(お訪ねになる)	伺う、お邪魔する、上がる
会う	만나다	(お会いになる、会われる)	お目にかかる
寝る	자다	お休みになる	(休ませていただく)
わかる	알다	(おわかりになる)	承知する、かしこまる
買う	사다	(お求めになる)	
着る・はく	입다・신다	(お召しになる)	(着させていただく)
思う	생각하다	(お思いになる、お考えになる)	存じる、存じあげる
見せる	보여주다	(お示しになる、お見せになる)	お目にかける、ご覧に入れる
です	입니다	でいらっしゃいます	でございます
ている	~고 있다	ていらっしゃる	ておる

*( )의 경어 표현은 특별 동사는 아니지만 해당 동사의 존경 표현 또는 겸양 표현이다.

어휘력 jump

1. 다나카(田中) 씨는 언제 한국에 오셨습니까?
   _____。

2. 야마다(山田) 씨라는 분을 알고 계십니까?
   _____。

3. 선생님, 커피를 드시겠습니까? 아니면, 차로 하시겠습니까?
   _____。

4. 저는 한국에서 온 혜진이라고 합니다.
   _____。

5. 선생님! 「세상의 중심에서 사랑을 외치다」라는 일본 영화 보셨습니까?
   _____。

6. 어제는 친구와 선생님 댁을 방문했습니다.
   _____。

7. 어제 만나 뵌 선생님은 어머니가 잘 알고 계신 분이었습니다.
   _____。

관련어휘 •••

いらっしゃる : 오다의 존경어   ～という : ～라고 하는   ご存(ぞん)じだ : 알다의 존경어
召(め)し上(あ)がる : 먹다, 마시다의 존경어   なさる : する의 존경어
まいる : 오다의 겸양어   申(もう)す : いう의 겸양어   世界(せかい) : 세계, 세상
中心(ちゅうしん) : 중심   愛(あい) : 사랑   叫(さけ)ぶ : 외치다, 부르짖다
映画(えいが) : 영화   ご覧(らん)になる : 見(み)る의 존경어
お宅(たく) : 집, 자택   伺(うかが)う : 訪(たず)ねる의 겸양어
お目(め)にかかる : 会(あ)う의 겸양어   存(ぞん)じあげる : 知(し)っている의 겸양어

03 문법 도우미
文法のチューター

1. 조사 일람
2. 부사 일람
3. 접속사 일람
4. 연체사 일람
5. 형식명사
6. 감동사 일람
7. 수사 일람
8. 자·타동사 일람
9. 형용사 및 명사의 접속표현 유형
10. 동사의 접속표현 유형
11. 동사의 표현의도 일람

1. 조사 일람

❶ か

① 의문 : ~까?

いつ行きますか。(언제 갑니까?)

② 선택 : ~(이)나

毎日4時間か5時間勉強します。(매일 4시간이나 5시간 공부합니다)

❷ が

① 주어 : ~이(가)

私が行きます。(내가 가겠습니다)

② 목적어 : ~을(를)

私は彼女が好きだ。(나는 그녀를 좋아한다)

③ 역접 : ~(이)지만

復習はしましたが、予習はしませんでした。(복습은 했지만, 예습은 하지 않았습니다)

❸ から

① 기점(시간·장소) : ~부터

家から学校まで歩いて行きます。(집에서 학교까지 걸어서 갑니다)

② 원료 : ~로

ワインはぶどうから作る。(와인은 포도로 만든다)

③ 원인 · 이유 : ~때문에

暗いから、電気をつけた。 (어두워서 불을 켰다)

④ 동작주체 : ~가(~로부터)

先生には私から言います。 (선생님께는 제가 말씀드리겠습니다)

⑤ 변화 전 상태 : ~에서

信号が赤から青に変わった。 (신호가 빨간 불에서 파란 불로 바뀌었다)

⑥ 판단의 기준 : ~로부터

成績から考えて、合格できないだろう。 (성적으로부터 판단해 볼 때, 합격 못할 것이다)

❹ くらい、ぐらい : ~정도, ~쯤

この道を10分くらい行くと、右に橋が見えます。
(이 길을 10분 정도 가면, 오른편에 다리가 보입니다)

2時間ぐらい勉強した。 (2시간정도 공부했다)

一杯ぐらいは大丈夫だと思った。 (한 잔쯤은 괜찮다고 생각했다)

❺ ごろ : ~경, ~쯤

毎朝6時ごろ起きます。 (매일 아침 6시경에 일어납니다)

❻ し(병립) : ~(하)고

山にも行ったし、海にも行った。 (산에도 갔고, 바다에도 갔다)

❼ しか : ~밖에

教室には学生が3人しかいません。 (교실에는 학생이 3명밖에 없습니다)

❽ だけ : ~만, ~뿐, ~만큼

パスポートだけ見せてください。 (여권만 보여주세요)

❾ ほど : ~정도, ~만큼

100人ほど集まった。 (100명 정도 모였다)
韓国の人口は中国ほど多くない。 (한국의 인구는 중국만큼 많지 않다)

❿ けれども : ~지만, ~데

勉強したけれども、成績はよくなかった。 (공부는 했지만, 성적은 좋지 않았다)

⓫ で

① 동작이 이루어지는 장소 : ~에서
図書館で勉強する。 (도서관에서 공부한다)

② 수단·도구 : ~(으)로
自転車で学校へ行く。 (자전거로 학교에 간다)

③ 재료 : ~(으)로
木で本棚を作る。 (나무로 책장을 만든다)

④ 원인·이유 : ~로, ~때문에
大雨で木が倒れた。 (큰비로 나무가 쓰러졌다)

⑤ 범위 : ~에(~동안)
2年間で3000万円を儲けた。 (2년 동안에 3000만 엔을 벌었다)

⑥ 내용 : ~(일)로
進学のことで先生に相談した。 (진학에 관한 일로 선생님과 상의했다)

⓬ と

① 공동동작의 상대 : ~와, ~와 함께
友達と映画を見る。 (친구와 (함께) 영화를 본다)

② 동작의 상대 : ~와

友達とけんかする。(친구와 싸운다)

③ 병렬 : ～과(와)

パンとたまごを食べる。(빵과 계란을 먹는다)

⑬ **など : ～등, ～따위**

机の上に本やノートなどが置いてある。(책상 위에 책이랑 노트 등이 놓여 있다)

⑭ **に**

① 존재 장소 : ～에

教室に学生がいる。(교실에 학생이 있다)

② 시간 : ～에

朝8時に家を出た。(아침 8시에 집을 나왔다)

③ 대상 : ～에게(한테)

友達に話しかける。(친구한테 말을 건다)

④ 기점 : ～에게서(한테)

先生に本をもらった。(선생님한테 책을 받았다)

⑤ 수여자 : ～에게

妹に本をあげた。(여동생에게 책을 주었다)

⑥ 착점 : ～에

今駅に着いた。(지금 역에 도착했다)

⑦ 동작의 목적 : ～하러, ～하기 위하여

勉強しに図書館へ行く。(공부하러 도서관에 간다)

⑧ 가능구문의 동작주 : ～는, ～로서는

私に日本語が話せる。(나는 일본어를 할 줄 안다)

⑮ より

① 비교의 대상 : ～보다

彼女(かのじょ)の車(くるま)は私(わたし)の車(くるま)より大(おお)きい。(그녀의 차는 내차보다 크다)

② 기점 : ～부터

ただ今(いま)より入学式(にゅうがくしき)を始(はじ)めます。(지금부터 입학식을 시작하겠습니다)

⑯ の

① 소유 : ～의

弟(おとうと)が私(わたし)のりんごを食(た)べた。(동생이 내 사과를 먹었다)

② 위치 기준 : ～의

私(わたし)の会社(かいしゃ)は銀行(ぎんこう)の隣(となり)にある。(우리 회사는 은행 옆에 있다)

③ 동격 : ～인

こちらが部長(ぶちょう)の田中(たなか)です。(이 쪽이 부장님이신 다나카 씨입니다)

④ 명사 상당어 : ～의 것

この本(ほん)は兄(あに)のです。(이것은 형의 것입니다)

⑤ 명사 수식절의 주어 : ～가, ～이

妹(いもうと)の作(つく)ったケーキはおいしい。(여동생이 만든 케이크는 맛있다)

⑰ は

① 주제 : ～은(는)

私(わたし)の家(いえ)は広(ひろ)い。(우리 집은 넓다)

② 대비 : ～은

いちごは好(す)きですが、りんごは嫌(きら)いです。(딸기는 좋아하지만, 사과는 싫어합니다)

③ 부각 : ～은

机(つくえ)は木(き)で作(つく)る。(책상은 나무로 만든다)

⑱ **ばかり**

① 수량 : ~정도[화자가 적다고 느낄 수 있는 수량(정도)]

この仕事を始めて2年ばかりになる。 (이 일을 시작한 지 2년 정도 된다)

② 강조 : ~만

彼は毎晩酒ばかり飲んでいる。 (그는 매일 밤 술만 마시고 있다)

⑲ **へ**

① 착점 : ~에

ソウルへ5時に着く。 (서울에 5시에 도착한다)

② 방향 : ~로

これはどこへ行くバスですか。 (이것은 어디로 가는 버스입니까?)

⑳ **も**

① 병렬 : ~도

本もノートも買った。 (책도 노트도 샀다)

② 의외 : ~도

にんじんが嫌いなうちの子もこのにんじんケーキは食べます。
(당근을 싫어하는 우리 아이도 이 당근 케이크는 먹습니다)

③ 수량 : ~이나

今度の事故で1万人も人が死んでいる。 (이번 사고로 만 명이나 사람이 죽었다)

㉑ **や : ~랑, ~이나**

テーブルの上にみかんやりんごやいちごなどがあります。
(테이블 위에 귤이랑 사과랑 딸기 등이 있습니다)

㉒ **ね(終助詞) : ~군요, ~지요 [동의, 확인]**

今日は暑いですね。 (오늘은 덥군요)

㉓ よ(終助詞) : ~예요 [강조, 감동]

ここがあなたの教室(きょうしつ)ですよ。 (여기가 당신 교실이에요)

㉔ よね(終助詞) : ~지요[확인]

先週(せんしゅう)いっしょに食事(しょくじ)をしましたよね。 (저번 주에 같이 식사를 했었지요)

(「ね」로 바꾸어 쓸 수 있는 경우도 많지만, 「よね」는 「ね」에 비해, 화자 본인의 의견이나 기억에 분명치 않다고 하는 점이 강하게 나타난다.)

㉕ を

① 목적어 : ~을(를)
兄(あに)が弟(おとうと)を殴(なぐ)った。 (형이 동생을 때렸다)

② 통과 장소 : ~을(를)
車(くるま)がトンネルを通(とお)る。 (차가 터널을 통과한다)

③ 동작의 방향 : ~을(를)
下(した)を向(む)いてはいけない。 (아래를 향해서는(봐서는) 안 된다)

④ 이탈의 대상 : ~을(를), ~에서
デパートの前(まえ)でバスを降(お)りた。 (백화점 앞에서 버스를 내렸다)

⑤ 경과 시간
日本(にほん)で一年(いちねん)を過(す)ごした。 (일본에서 1년을 보냈다)

㉖ まで : ~까지

本(ほん)を5時(じ)まで読(よ)みました。 (책을 5시까지 읽었습니다)

㉗ までに : (적어도) ~까지(는)[동작의 기한]

田中(たなか)さんは5時(じ)までにここに来(く)ると思(おも)います。 (다나카 씨는 5시까지(는) 여기에 올 것입니다)

2. 부사 일람

❶ あらかじめ : 사전에, 미리

あらかじめ準備しておいたほうがいいです。(미리 준비해 두는 게 낫습니다)

❷ しばらく : 잠시, 한동안

すみませんが、こちらでしばらくお待ちください。
(죄송합니다만, 여기에서 잠시 기다려주세요)

❸ やがて : 이윽고, 곧

今は冬で寒いが、やがて暖かい春が来る。(지금은 겨울이어서 춥지만, 곧 따뜻한 봄이 온다)

❹ ときどき : 때때로

田中さんはときどきうちに遊びに来る。(다나카 씨는 때때로 우리 집에 놀러온다)

❺ ついに : 결국, 드디어

彼のチームはついにあの試合で負けてしまった。(그의 팀은 결국 그 시합에서 져버렸다)

❻ ふと : 문득

ふと彼のことを思い出す。(문득 그가 생각난다)

❼ すでに : 이미, 벌써

すでに申し込みの締め切りは過ぎていた。(이미 신청 마감은 지나있었다)

❽ **とうとう** : 드디어, 마침내

とうとう山の頂上に到着した。(드디어 산 정상에 도착했다)

❾ **ゆっくり** : 천천히, 느긋하게

疲れた時はゆっくり休んだ方がいいです。(피곤할 때는 느긋하게 쉬는 게 좋습니다)

❿ **いよいよ** : 드디어, 결국

いよいよあしたは入学試験だ(드디어 내일은 입학시험이다)

⓫ **いよいよ** : 점점 더, 더욱 더

空気の汚染はいよいよひどくなっている。(공기오염은 점점 더 나빠지고 있다)

⓬ **しばしば** : 가끔, 종종

最近田中さんはしばしば授業に出ない。(요즈음 다나카 씨는 가끔 수업에 나오지 않는다)

⓭ **たびたび** : 자주, 여러 번

彼は仕事でたびたびアメリカへ行っている。(그는 일 때문에 자주 미국에 가 있다)

⓮ **よく** : 자주

ここはよく雪が降ります。(여기는 자주 눈이 옵니다)

⓯ **また** : 또

また会いましょう。(또 만납시다)

⓰ **すっかり** : 완전히, 전부, 죄다

そんなことはすっかり忘れてしまった。(그런 일은 전부 잊어 버렸다)

⓱ **ますます** : 점점 더

私は彼女のことがますます好きになってきた。(나는 그녀가 점점 더 좋아졌다)

⑱ **すべて** : 모두

仕事はすべて終わりました。(일은 전부 끝났습니다)

⑲ **いっさい** : 일체

火事でいっさいの財産を失ってしまった。(화재로 모든(일체의) 재산을 잃어 버렸다)

⑳ **ますます** : 점점 더, 더욱 더

円高でますます生活が苦しくなってきた。(엔고 현상으로 생활이 점점 더 어려워졌다)

㉑ **ブーブー(と)** : 꿀꿀(돼지 울음소리)

子豚がブーブー(と)泣いている。(새끼돼지가 꿀꿀거리고 있다)

㉒ **しとしと(と)** : 부슬부슬(비 등이 조용히 내리는 모양)

一日中雨がしとしと(と)降っている。(하루 종일 비가 부슬부슬 내리고 있다)

㉓ **ワンワン(と)** : 멍멍(개가 짖는 모양)

犬がワンワン(と)吠えている。(개가 멍멍 짖고 있다)

㉔ **きらきら(と)** : 반짝반짝(아름답게 빛나는 모양)

星がきらきら(と)輝いています。(별이 반짝반짝 빛나고 있다)

㉕ **ぴかぴか(と)** : 번쩍번쩍(광택이 있어서 반짝이는 모양)

磨いた靴がぴかぴか(と)光っている。(닦은 구두가 번쩍번쩍 빛나고 있다)

㉖ **とても** : 매우(긍정)

今日はとてもいい天気ですね。(오늘은 매우 좋은 날씨군요)

㉗ **とても** : 도저히(부정)

生卵を食べることは私にはとてもできません。(나는 날계란은 도저히 못 먹습니다)

㉘ **たいへん** : 대단히

これはたいへん面白い漫画です。(이것은 대단히 재미있는 만화입니다)

㉙ **ずいぶん** : 꽤, 상당히

ずいぶん暖かくなりました。(꽤 따뜻해졌습니다)

㉚ **なかなか** : 꽤, 상당히(긍정)

その映画はなかなか面白いです。(그 영화는 꽤 재미있습니다)

㉛ **なかなか** : 좀처럼(부정)

このごろは忙しくてなかなか遊びにいけません。(요즘은 바빠서 좀처럼 놀러 갈 수 없습니다)

㉜ **あまり** : 너무

あまりにもうれしくて、泣きそうになった。(너무 기뻐서 울 뻔했다)

㉝ **あまり** : 별로, 그다지(＋부정 표현)

それはあまり難しくない問題です。(그것은 별로 어렵지 않은 문제입니다)

㉞ **もう** : 이제, 이미, 벌써, 더

日本に来てからもう10年になる。(일본에 온지 벌써 10년이 된다)

㉟ **ほとんど** : 거의

病気はほとんど治りました。(병은 거의 나았습니다)

㊱ **ちょっと** : 좀, 조금

これよりちょっと安いものはありませんか。(이것보다 좀 싼 것은 없습니까?)

㊲ **まったく** : 전혀, 완전히, 전적으로,

僕とはまったく関係ないことです。(나와는 전혀 상관없는 일입니다)

㊳ **かなり** : 꽤

この頃彼の日本語は**かなり**上手になった。 (요즘 그의 일본어는 꽤 능숙해졌다)

㊴ **すこし** : 조금

もう**すこし**話してください。 (좀 더 이야기 해주세요)

㊵ **ずっと** : 훨씬

この料理のほうが**ずっと**おいしい。 (이 요리가 훨씬 맛있다)

㊶ **もっと** : 더, 더욱

もっとゆっくり話してください。 (더 천천히 말해 주세요)

㊷ **ただ** : 다만, 단지, 단

ただ彼女を愛していたからです。 (단지 그녀를 사랑하고 있었기 때문입니다)

㊸ **そろそろ** : 슬슬

そろそろ帰る時間です。 (슬슬 돌아갈 시간입니다)

㊹ **よく** : 잘

進路について**よく**考えてください。 (진로에 대해서 잘 생각해 주세요)

㊺ **たぶん** : 아마

たぶん今日はいい天気だろう。 (아마 오늘은 좋은 날씨일 것이다)

㊻ **おそらく** : 아마, 필시

彼は**おそらく**来ないでしょう。 (그는 아마 오지 않을 겁니다)

㊼ **決して** : 결코

決して無理はしないでください。 (결코 무리는 하지 마세요)

㊽ **とうてい** : 도저히

子供にはとうていできないことだ。(어린이는 도저히 할 수 없는 일이다)

㊾ **どうぞ** : 부디, 제발, 어서

どうぞよろしくお願いいたします。(부디 잘 부탁합니다)

㊿ **ぜひ** : 꼭

ぜひ遊びに来てください。(꼭 놀러와 주세요)

㊀ **まるで** : 마치

彼女はまるで人形のようだ。(그녀는 마치 인형과 같다)

㊁ **もし** : 만약, 만일

もし病気になったら、どうしますか。(만약 병이 나면, 어떻게 하겠습니까?)

㊂ **どうして** : 어째서, 왜

昨日はどうして欠席しましたか。(어제는 어째서 결석했습니까?)

㊃ **なぜ** : 어째서, 왜

彼はなぜ怒っていますか。(그는 왜 화를 내고 있습니까?)

㊄ **もちろん** : 물론

もちろんそんなことはないでしょう。(물론 그런 일은 없겠죠)

㊅ **必ず** : 반드시, 틀림없이

僕は約束は必ず守ります。(나는 약속은 반드시 지킵니다)

㊆ **必ずしも** : 반드시 (항상 부정표현을 동반한다.)

必ずしもみんなが成功するわけではない。(반드시 모두가 성공하는 것은 아니다)

(58) きっと : 꼭, 반드시, 틀림없이

彼はきっと明日帰って来るでしょう。(그는 내일 틀림없이 돌아오겠죠)

(59) けっして : 결코

田中さんとの約束はけっして忘れません。(다나카 씨와의 약속은 결코 잊지 않겠습니다)

(60) 全然 : 전혀

フランス語は全然わかりません。(프랑스어는 전혀 모릅니다)

(61) どうか : 제발, 부디, 아무쪼록

どうかご理解くださいますようお願いいたします。(제발 이해해 주시길 바랍니다)

(62) さいわい(に) : 다행히

さいわい(に)軽いけがですんだ。(다행히 가벼운 상처로 끝났다)

(63) たとえば : 예를 들면, 예컨대

たとえば北海道のような寒いところ。(예를 들면 북해도와 같은 추운 곳)

(64) 実は : 실은, 사실은(본격적으로 본론으로 들어갈 때 쓰이기도 한다.)

実は、私はあなたが好きです。(실은, 나는 당신을 좋아합니다)

3. 접속사 일람

❶ および : 및

自転車および自動車の通行を禁止する。 (자전거 및 자동차의 통행을 금지한다)

❷ また : 또

医者でもあり、また詩人でもある。 (의사이기도 하고, 또 시인이기도 하다)

❸ ならびに : 및

日本語ならびに英語を勉強する。 (일본어 및 영어를 공부한다)

❹ かつ : 동시에, 또한

必要かつ十分な条件。 (필요한 동시에 충분한 조건; 필요충분조건)

❺ そして : 그리고

私は昨日友だちに会いました。そしていっしょに映画を見に行きました。
(나는 어제 친구를 만났습니다. 그리고 함께 영화를 보러 갔습니다)

❻ それから : 그리고 나서, 그리고

ご飯を食べます。それから勉強をします。 (밥을 먹습니다. 그리고 나서 공부를 합니다)

❼ それに : 게다가

彼は頭がいい。それに心も優しい。 (그는 머리가 좋다. 게다가 마음도 곱다)

❽ **そのうえ** : 게다가

雨が降った。**そのうえ**風まで吹いた。 (비가 내렸다. 게다가 바람까지 불었다)

❾ **しかも** : 게다가

このレストランの料理はまずい。**しかも**高い。 (이 레스토랑의 음식은 맛이 없다. 게다가 비싸다)

❿ **さらに** : 그 위에, 더욱 더, 게다가

コンピューターは今後**さらに**普及するだろう。 (컴퓨터는 앞으로도 더욱 보급될 것이다)

⓫ **おまけに** : 게다가

ソウルは住宅事情が悪い。**おまけに**、物価も高い。

(서울은 주택사정이 나쁘다. 게다가 물가도 비싸다)

⓬ **あるいは** : 혹은

私はアメリカへ行って、文学**あるいは**歴史を勉強するつもりです。

(나는 미국에 가서 문학 혹은 역사를 공부할 생각입니다)

⓭ **それとも** : 그렇지 않으면, 아니면

夏休みには山へ行こうか、**それとも**海へ行こうか。

(여름방학에는 산에 갈까, 아니면 바다에 갈까?)

⓮ **または** : 또는, 혹은

電話**または**手紙でお知らせします。 (전화 또는 편지로 알려드리겠습니다)

⓯ **もしくは** : 또는, 혹은

お問い合わせは、電話**もしくは**ハガキでお願いします。 (문의는 전화 또는 엽서로 부탁합니다)

⓰ **ないし** : 내지

北風ないし北東風が吹くでしょう。(북풍 내지 북동풍이 불겠죠)

⑰ さて : 그런데, 그러면

旅行についての話はこのへんで終わります。さて次に学校の生活について話したいと思います。
(여행에 대한 이야기는 이 정도로 마치겠습니다. 그러면 다음으로 학교생활에 대해 이야기하도록 하겠습니다.)

⑱ では : 그러면, 그렇다면

では、これで失礼します。(그럼, 이것으로 실례하겠습니다)

⑲ ところで : 그런데

ところでその後はどうなりましたか。(그런데 그 뒤는 어떻게 되었습니까?)

⑳ それはそうと : 그건 그렇고

それはそうと、あしたの発表は誰なの。(그건 그렇고, 내일 발표는 누구지?)

㉑ なお : 또한, 더욱, 더구나

なお希望者は先生のところまで申し出てください。(또한 희망자는 선생님께 신청해주세요)

㉒ だから : 그래서, 때문에

のどが渇いています。だから水が飲みたいです。
(목이 마릅니다. 그래서 물을 마시고 싶습니다)

㉓ それで : 그래서

今日は暇だった。それで遊びに行った。(오늘은 한가했다. 그래서 놀러 갔다)

㉔ そこで : 그래서

病気になった。そこでタバコをやめることにした。(병이 났다. 그래서 담배를 끊기로 했다)

㉕ したがって : 따라서

交通が便利だ。したがって家賃が高い。(교통이 편리하다. 따라서 집세가 비싸다)

㉖ **すると** : 그러자

ベルを鳴らした。すると人が出た。(벨을 울렸다. 그러자 사람이 나왔다)

㉗ **それなら** : 그러면, 그렇다면

「これは 高いですね。」「それなら、こちらは いかがですか。」
(「이것은 비싸군요」「그렇다면, 이것은 어떻습니까?」)

㉘ **そのため(に)** : 그 때문에, 그래서

あしたは受験日だ。そのため今日は早く寝る。(내일은 입시 날이다. 그래서 오늘은 빨리 잔다)

㉙ **しかし** : 그러나

急いで学校へ行った。しかし、遅れた。(서둘러 학교에 갔다. 그러나 늦었다)

㉚ **ところが** : 그런데

遠足に行った。ところが雨が降り出した。(소풍을 갔다. 그런데 비가 내리기 시작했다)

㉛ **(だ)が** : 그러나, 그렇지만

よく知りません。(だ)が、そうかも知れません。(잘 모릅니다. 그렇지만 그럴지도 모릅니다)

㉜ **けれども** : 그러나, 그렇지만

今日は本当に寒い。けれども気持がよい。(오늘은 정말로 춥다. 그렇지만 기분이 좋다)

㉝ **でも** : 하지만, 그렇지만

ひどい風邪をひいてしまった。でも、学校へ行った。
(심한 감기에 걸려 버렸다. 하지만 학교에 갔다)

㉞ **それなのに** : 그런데(도)

1年間一生懸命に勉強した。それなのに希望の大学に入れなかった。

(1년간 열심히 공부했다. 그런데 희망하던 대학에 들어가지 못했다)

㉟ とはいえ : 그렇다고는 해도

病状は回復に向かっている。**とはいえ**、安心するわけにはいかない。

(병은 쾌차를 보이고 있다. 그렇다고는 해도, 안심할 수만은 없다)

㊱ すなわち : 즉, 곧, 바꾸어 말하면

日本の首都、**すなわち**東京。 (일본의 수도, 즉 동경)

㊲ つまり : 결국, 요컨대, 다시 말하면, 즉

私の兄の息子、**つまり**私の甥が今度結婚します。

(내 형의 아들, 즉 내 조카가 이번에 결혼합니다)

㊳ たとえば : 예를 들면

日本の代表的な食べ物、**たとえば**、刺身やうどんなど。

(일본의 대표적인 음식, 예를 들면, 생선회나 우동 등)

㊴ ただし : 단, 단지, 다만

遊びに行ってもいいよ。**ただし**お昼には帰ってきて。

(놀러가도 괜찮아. 단, 점심때에는 돌아와라)

㊵ だって : 하지만, 그런데, 그래도, 글쎄

「勉強しなさい。」(공부해)「**だって**、眠いんだもの。」(하지만 졸리단 말이야)

㊶ なぜなら : 왜냐 하면

彼は犯人じゃないと思う。**なぜなら**、彼にはアリバイがあるからね。

(그는 범인이 아닐 거야. 왜냐하면, 그에게는 알리바이가 있으니까)

4. 연체사 일람

연체사란 오직 체언(명사)에만 연결되어 그 체언(명사)을 수식하는 역할만을 한다.

❶ 끝이 「の」로 끝나는 것

① この(이), その(그), あの(저), どの(어느)

この本はほんとうに面白い。(이 책은 정말로 재미있다)
あの人を知っていますか。(저 사람을 알고 있습니까?)
どの国に住んでいますか。(어느 나라에 살고 있습니까?)

② ほんの(그저, 불과)

これはほんのしるしです。(이것은 그저 성의 표시입니다)
ほんの一秒の差で負けてしまった。(불과 1초의 차로 지고 말았다)

❷ 「る」로 끝나는 것

① あらゆる(온갖, 모든)

あらゆる生命の源泉。(모든 생명의 원천)

あらゆるものがそろっている。(모든 것이 갖추어져 있다)

② ある(어느, 어떤)

あるところにおじいさんとおばあさんが住んでいました。
(어느 곳에 할아버지와 할머니가 살고 있었습니다)
ある日、起った事件。(어느 날 일어난 사건)

③ さる(지난)

さる土曜日彼女に会った。(지난 토요일에 그녀를 만났다)
さる 3月のことだった。(지난 3월의 일이였다)

④ いわゆる(소위, 이른바)

これがいわゆる韓国の味です。(이것이 이른바 한국의 맛입니다)
それがいわゆる人生と言うものか。(그것이 이른바 인생이라고 하는 것인가)

⑤ 明くる(다음)

明くる朝我らは出発した。(다음 날 아침 우리들은 출발했다)
明くる日ソウルに着いた。(다음 날 서울에 도착했다)

⑥ いかなる(어떠한)

いかなる理由でもしてはいけない。(어떠한 이유라도 해서는 안 된다)
いかなる人にも権利はある。(어떠한 사람에게도 권리는 있다)

⑦ 来たる(돌아오는)

来たる日曜日に会うことにした。(돌아오는 일요일에 만나기로 했다)
来たる27日が母の還暦だ。(돌아오는 27일이 어머니의 환갑이다)

❸ 「な」로 끝나는 것

① 大きな(큰)

大きな本(큰 책), 大きな夢(큰 꿈)

② 小さな(작은)

小さな家(작은 집), 小さな時計(작은 시계)

③ おかしな(이상한)

おかしな話を聞いた。 (이상한 이야기를 들었다)

④ こんな(이런), そんな(그런), あんな(저런), どんな(어떤)

そんな話はもうやめてください。 (그런 이야기는 이제 그만두세요)

あなたはどんなスポーツが好きですか。 (당신은 어떤 스포츠를 좋아합니까?)

⑤ いろんな(여러 가지)

100円ショップでいろんなものを買った。 (100엔 숍에서 여러 가지 물건을 샀다)

❹ 「た」나 「だ」로 끝나는 것

① たいした(대단한)

彼はたいした事をやり遂げた。 (그는 대단한 일을 해냈다)

あの方の評判はたいしたものです。 (그 분의 평판은 대단합니다)

② たった(단지)

たった一円しか残っていない。 (단 1엔밖에 남아 있지 않다)

たったひとり訪ねて来た。 (단 한 사람 찾아 왔다)

③ ちょっとした(대수롭지 않은)

ちょっとしたことだ。 (대수롭지 않은 일이다)

④ とんだ(엉뚱한, 뜻밖의)

とんだ過ちをしてしまった。 (엉뚱한 실수를 해 버렸다)

とんだところで彼女に出会った。 (뜻밖의 곳에서 그녀를 만났다)

❺ 「が」로 끝나는 것

わが(우리의)

わが国のために命をかけて戦った。 (우리나라를 위해서 목숨을 걸고 싸웠다)

貧乏だが、いつも楽しいわが家。 (가난하지만, 언제나 즐거운 우리 집)

5. 형식명사

명사의 성질을 가지고 있으나 실질적인 의미는 거의 없고, 항상 다른 말과 함께 쓰여서, 앞에 오는 말의 의미를 추가하거나, 명사화·조동사화 하는 역할을 한다.

こと : ~것, ~일(*구나 문장을 명사화하여 추상적인 사항이나 개념을 나타냄) ; ~한 적.

   いつもあなたのことを考えています。(항상 당신에 대해 생각합니다.)

   そんなことをしてはいけません。(그런 짓을 해서는 안됩니다.)

   この漢字を読むことができますか。(이 한자를 읽을 수 있습니까?)

   カナダへ行ったことがありますか。(캐나다에 간 적이 있습니까?)

もの : ~것(*어떤 행위나 동작 등을 구체화 함) ; ~하는 법, ~하기마련 ; ~하곤 하다.

   いいものを使って作った。(좋은 것을 사용해서 만들었다.)

   うわさは良く広がるものだ。(소문은 잘 퍼지기 마련이다.)

   学生時代はこの辺で遊んだものだ。(학생 때는 이 근방에서 놀곤 했다.)

ところ : ~바, ~점 ; 지금~하(려)는 참 ; (막)~한 참이다.

   それは誰でも望むところです。(그것은 누구나 바라는 바입니다.)

   今丁度電話するところでした。(지금 막 전화 하려는 참이었습니다.)

   今、テレビを見ているところです。(지금, TV를 보고 있는 중입니다.)

   ごはんを食べたところなので……。(밥을 먹은 지가 얼마 안 되서…….)

うち(に) : ~사이에, ~동안에(*~ている間に)

   この工事は三日間のうちに終えます。(이 공사는 사흘 안에 끝내겠습니다.)

   眠っているうち、目的地に着いた。(잠들어 있는 사이에 목적지에 도착했다.)

忘れない**うち**に、メモしておこう。(잊어버리기 전에 메모해 둬야지.)
雨が降らない**うち**に帰りましょう。(비가 내리기 전에 돌아갑시다.)

つもり : 생각, 셈, 작정, 의도(*말하는 사람의 의지, 예정, 계획 등을 나타냄)

旅行にいく**つもり**で、貯蓄している。(여행갈 생각으로, 저축하고 있다.)
参加する**つもり**はない。(참가할 생각은 없다.)
死んだ**つもり**でやれば何でもできる。(죽은 셈치고 하면 뭐든지 가능하다.)

はず : (당연히)~일 터, 일 것.

今年はきっと合格する**はず**だ。(올해는 꼭 합격할 것이다.)
そんなことは起こる**はず**がない。(그런 일은 일어날 리가 없다.)

わけ : (당연히)~인 것

窓が開いているから、寒い**わけ**です。(창문이 열려 있으니까, 추운 겁니다.)
おまえが知らない**わけ**がない。(네가 모를 리가 없다.)
わけを聞いたからには笑う**わけ**にはいかない。
(사정을 들은 이상, 비웃을 수는 없다.) [불가능]
上司からの誘いだから行かない**わけ**にもいかないんだ。
(상사로부터의 초대이기 때문에 가지 않을 수는 없다.) [의무, 필연]

ほう : ~쪽, ~편

肉より果物の**ほう**が好きです。(고기보다 과일 쪽을 좋아합니다.)
日本は物価が高い**方**です。(일본은 물가가 비싼 편입니다.)
ぐっすり寝た**ほう**がいいよ。(푹 자는 편이 좋아.) [조언, 충고]

まま : ~채, ~대로

この**まま**にしておいてください。(이대로 놔두세요.)
靴を履いた**まま**、入ってはいけない。(구두를 신은 채, 들어가면 안 된다.)

6. 감동사 일람

감동사란, 우리말의 감탄사에 해당하는 것으로, 느낌, 부름, 대답 등을 나타낸다.

❶ 감동을 나타내는 것

기쁨, 슬픔, 노여움, 두려움 등의 여러 가지 감정을 나타낸다.

① あ(아)

갑작스러운 일로 인해서 급하게 내는 말.

あ、びっくりした。 (아, 깜짝 놀랐다)
あ、大変だ。地震だ。 (아, 큰일났다. 지진이다)

② ああ(아아)

ああ、ほんとうにきれいだな (아아, 정말로 예쁘구나)
ああ、暖かいな。 (아아, 따뜻하구나)

③ あら(어머)

놀라거나 감동했을 때 하는 말로서 여성적인 표현이다.

あら、しばらく。 (어머, 오랜만이야)
あら、いらっしゃい。 (어머, 어서 오세요)

④ ほら(봐라, 자)

주위를 환기하는 의미를 나타낸다.

ほら、見てご覧。 (자, 봐라)

ほら、わしが空を飛んでいる。 (봐라, 독수리가 하늘을 날고 있다)

⑤ まあ(어머)

놀랐을 때 하는 말로서 여성적인 표현이다.

まあ、驚いた。 (어머, 깜짝이야)

まあ、うれしいわ。 (어머, 기뻐라)

⑥ え(에?, 엉?)

어떤 일에 놀라거나 강한 감동 또는, 의문을 나타낼 때 내는 말이다.

え、本当ですか。 (에? 정말입니까?)

何だって、え? (뭐라고, 엉?)

⑦ へえ(아, 그래~)

어떤 일에 놀라거나 감동을 받았을 때 내는 말이다.

これ、私の作品なの。へえ、すごいね。 (이것 내 작품이야. 그래~ 대단하네)

❷ 부름을 나타내는 것

남을 부르거나 주의를 환기시킨다.

① おい(이봐)

동년배의 친한 사람이나 아랫사람을 부르는 말로 남성적인 표현이다.

おい、待ってくれ。 (이봐, 기다려 줘)

おい、どこへ行くんだ。 (이봐, 어디에 가는 거야?)

② あのね(이봐요, 저기 말이죠)

あのね、ちょっと聞いてよ。 (이봐요, 좀 들어 봐요)

あのね、来月結婚することになったんです。(저기 말이죠, 다음 달에 결혼합니다)

③ もしもし(여보세요)

주로 전화할 때, 상대를 부르는 말로 많이 쓴다.

もしもし、山田さんの お宅ですか。(여보세요, 야마다 씨 댁입니까?)

❸ 응답을 나타내는 것

상대방의 말에 대답하거나 반응을 나타낸다.

① はい(예)

はい、そうです。(예, 그렇습니다)

② いいえ(아니오)

いいえ、私は そう 思いません。(아니오, 나는 그렇게 생각하지 않습니다)

③ ええ(예)

「はい」보다 가볍게 하는 대답으로, 손윗사람에게는 쓰지 않는 것이 좋다.

ええ、そう 思います。(예, 그렇게 생각합니다)

④ うん(응)

「はい」의 반말 투로 동년배의 친한 사람이나 손아랫사람에게만 쓴다.

うん、いいよ。(응, 좋아)

⑤ いや(아니)

「いいえ」의 반말 투로 동년배의 친한 사람이나 손아랫사람에게만 쓴다.

いや、そうじゃない。(아니, 그렇지 않아)

7. 수사 일람

수사란, 수량이나, 순서 등을 나타낼 때 사용되는 표현으로, 숫자만으로 수량을 나타내는 것을 기본적으로「수사」라 하며, 수사에 붙어 수량이나 시간 등의 단위를 나타내는「個(~개), 枚(~장), 人(~명), 時(~시)」등과 같은 말을「조수사」라 한다. 또한, 수사에는 수량, 개수, 횟수 등을 나타내는「기수사」와 순서를 나타내는「서수사」로 나뉜다.

❶ 수사

1에서 10까지의 숫자를 세는 방법에는 2가지 종류가 있다.

1	2	3	4	5	6	7	8	9	10	11	12
いち	に	さん	よん・し	ご	ろく	なな しち	はち	きゅう・く	じゅう	じゅういち	じゅうに
(일)	(이)	(삼)	(사)	(오)	(육)	(칠)	(팔)	(구)	(십)	(십일)	(십이)
ひとつ	ふたつ	みっつ	よっつ	いつつ	むっつ	ななつ	やっつ	ここのつ	とお	じゅういち	じゅうに
(하나)	(둘)	(셋)	(넷)	(다섯)	(여섯)	(일곱)	(여덟)	(아홉)	(열)	(열하나)	(열둘)

■「一つ、二つ、三つ、四つ……」등으로 세는 형식은, 개수(「하나(한 개), 둘(두 개)……」)를 나타낼 때 사용된다. 그러나 11부터는 세는 형식이 같아진다.

10	20	30	40	50	60	70	80	90
じゅう	にじゅう	さんじゅう	よんじゅう	ごじゅう	ろくじゅう	ななじゅう	はちじゅう	きゅうじゅう
100	200	300	400	500	600	700	800	900
ひゃく	にひゃく	さんびゃく	よんひゃく	ごひゃく	ろっぴゃく	ななひゃく	はっぴゃく	きゅうひゃく

1000	2000	3000	4000	5000	6000	7000	8000	9000
せん	にせん	さんぜん	よんせん	ごせん	ろくせん	ななせん	はっせん	きゅうせん
10000	20000	30000	40000	50000	60000	70000	80000	90000
いちまん	にまん	さんまん	よんまん	ごまん	ろくまん	ななまん	はちまん	きゅうまん

何十	何百	何千	何万	何十万	何百万	何千万
なんじゅう	なんびゃく	なんぜん	なんまん	なんじゅうまん	なんびゃくまん	なんぜんまん

100000	1000000	10000000	一億
じゅうまん	ひゃくまん	いっせんまん	いちおく

❷ 조수사

숫자에 붙어 단위를 나타내는 말을 「조수사」라 한다. 조수사에는 다음과 같은 것들이 있다. 숫자가 조수사가 아닌 명사(皿, 箱, 部屋 등)에 붙여 수를 세는 경우도 있다.

本(ほん)	긴 물건(연필, 나무, 우산, 담배(개비) 등)
枚(まい)	얇은 물건(종이, 표, 우표, 셔츠 등)
匹(ひき)	일부 동물(개, 고양이, 물고기 등)
杯(はい)	잔에 들어있는 물, 음료수(물, 커피, 술 등)
冊(さつ)	책 등의 권수를 세는 단위로 우리말의 「권」에 해당한다.
足(そく)	신발 등을 세는 단위로, 우리말의 「켤레」에 해당한다.(신발, 양말 등)
軒(けん)	집을 세는 단위로, 우리말의 「채, 동(棟)」에 해당한다.
番目(ばんめ)	순번을 세는 단위로 우리말의 「번째」에 해당한다.

이 이외에도 여러 종류의 조수사가 있는데, 다음에서는 조수사의 쓰임에 대해 구체적으로 알아보기로 한다.

個[개] ; 1個, 2個, 3個, 4個, 5個, 6個, 7個, 8個, 9個, 10個, 11個, 何個

1	2	3	4	5	6	7	8	9	10	11	何
いっこ	にこ	さんこ	よんこ	ごこ	ろっこ	ななこ	はちこ/はっこ	きゅうこ	じゅっこ	じゅういっこ	なんこ

人[명] ; 1人, 2人, 3人, 4人, 5人, 6人, 7人, 8人, 9人, 10人, 11人, 何人

1	2	3	4	5	6	7	8	9	10	11	何
ひとり	ふたり	さんにん	よにん	ごにん	ろくにん	ななにん/しちにん	はちにん	きゅうにん/くにん	じゅうにん	じゅういちにん	なんにん

匹[마리] ; 1匹, 2匹, 3匹, 4匹, 5匹, 6匹, 7匹, 8匹, 9匹, 10匹, 11匹, 何匹

1	2	3	4	5	6	7	8	9	10	11	何
いっぴき	にひき	さんびき	よんひき	ごひき	ろっぴき	ななひき/しちひき	はちひき/はっぴき	きゅうひき	じっぴき/じゅっぴき	じゅういっぴき	なんびき

枚[장] ; 1枚, 2枚, 3枚, 4枚, 5枚, 6枚, 7枚, 8枚, 9枚, 10枚, 11枚, 何枚

1	2	3	4	5	6	7	8	9	10	11	何
いちまい	にまい	さんまい	よんまい	ごまい	ろくまい	しちまい/ななまい	はちまい	きゅうまい	じゅうまい	じゅういちまい	なんまい

冊[권] ; 1冊, 2冊, 3冊, 4冊, 5冊, 6冊, 7冊, 8冊, 9冊, 10冊, 11冊, 何冊

1	2	3	4	5	6	7	8	9	10	11	何
いっさつ	にさつ	さんさつ	よんさつ	ごさつ	ろくさつ	ななさつ	はっさつ	きゅうさつ	じっさつ/じゅっさつ	じゅういっさつ	なんさつ

本[개, 자루] ; 1本, 2本, 3本, 4本, 5本, 6本, 7本, 8本, 9本, 10本, 11本, 何本

1	2	3	4	5	6	7	8	9	10	11	何
いっぽん	にほん	さんぼん	よんほん	ごほん	ろっぽん	ななほん	はっぽん	きゅうほん	じっぽん/じゅっぽん	じゅういっぽん	なんぼん

杯[잔] ; 1杯, 2杯, 3杯, 4杯, 5杯, 6杯, 7杯, 8杯, 9杯, 10杯, 11杯, 何杯

1	2	3	4	5	6	7	8	9	10	11	何
いっぱい	にはい	さんばい	よんはい	ごはい	ろっぱい	ななはい	はちはい/はっぱい	きゅうはい	じっぱい/じゅっぱい	じゅういっぱい	なんばい

階[층] ; 1階, 2階, 3階, 4階, 5階, 6階, 7階, 8階, 9階, 10階, 11階, 何階

1	2	3	4	5	6	7	8	9	10	11	何
いっかい	にかい	さんがい	よんかい	ごかい	ろっかい	ななかい	はちかい/はっかい	きゅうかい	じゅうかい	じゅういっかい	なんがい

回[회] ; 1回, 2回, 3回, 4回, 5回, 6回, 7回, 8回, 9回, 10回, 11回, 何回

1	2	3	4	5	6	7	8	9	10	11	何
いっかい	にかい	さんかい	よんかい	ごかい	ろっかい	ななかい	はちかい	きゅうかい	じゅっかい	じゅういっかい	なんかい

時(間)[시(간)] ; 1時, 2時, 3時, 4時, 5時, 6時, 7時, 8時, 9時, 10時, 11時, 12時, 何時

1	2	3	4	5	6	7	8	9	10	11	12	何
いちじ	にじ	さんじ	よじ	ごじ	ろくじ	しちじ	はちじ	くじ	じゅうじ	じゅういちじ	じゅうにじ	なんじ

分(間)[분(간)] ; 1分, 2分, 3分, 4分, 5分, 6分, 7分, 8分, 9分, 10分, 11分, 何分

1	2	3	4	5	6	7	8	9	10	11	何
いっぷん	にふん	さんぷん	よんぷん	ごふん	ろっぷん	ななふん	はっ(はち)ぷん	きゅうふん	じっ(じゅっ)ぷん	じゅういっぷん	なんぷん

秒(間)[초(간)] ; 1秒, 2秒, 3秒, 4秒, 5秒, 6秒, 7秒, 8秒, 9秒, 10秒, 11秒, 何秒

1	2	3	4	5	6	7	8	9	10	11	何
いちびょう	にびょう	さんびょう	よんびょう	ごびょう	ろくびょう	ななびょう	はちびょう	きゅうびょう	じゅうびょう	じゅういちびょう	なんびょう

週間[주간] ; 1週間, 2週間, 3週間, 4週間, 5週間, 6週間, 7週間, 8週間, 9週間, 10週間, 何週間

1	2	3	4	5	6	7	8	9	10	何
いっしゅうかん	にしゅうかん	さんしゅうかん	よんしゅうかん	ごしゅうかん	ろくしゅうかん	ななしゅうかん	はっしゅうかん	きゅうしゅうかん	じっ(じゅっ)しゅうかん	なんしゅうかん

月[월] ; 1月, 2月, 3月, 4月, 5月, 6月, 7月, 8月, 9月, 10月, 11月, 12月, 何月

1	2	3	4	5	6	7	8	9	10	11	12	何
いちがつ	にがつ	さんがつ	しがつ	ごがつ	ろくがつ	しちがつ	はちがつ	くがつ	じゅうがつ	じゅういちがつ	じゅうにがつ	なんがつ

ヶ月(間)[개월(간)] ; 1ヶ月, 2ヶ月, 3ヶ月, 4ヶ月, 5ヶ月, 6ヶ月, 7ヶ月, 8ヶ月, 9ヶ月, 10ヶ月, 何ヶ月

1	2	3	4	5	6	7	8	9	10	何
いっかげつ	にかげつ	さんかげつ	よんかげつ	ごかげつ	ろっかげつ	ななかげつ	はっかげつ	きゅうかげつ	じっ(じゅっ)かげつ	なんかげつ

年(間)[년(간)] ; 1年, 2年, 3年, 4年, 5年, 6年, 7年, 8年, 9年, 10年, 何年

1	2	3	4	5	6	7	8	9	10	何
いちねん	にねん	さんねん	よねん	ごねん	ろくねん	しち(なな)ねん	はちねん	きゅうねん	じゅうねん	なんねん

日(間)[일(간)]

1日	2日	3日	4日	5日	6日	7日	8日	9日	10日
ついたち	ふつか	みっか	よっか	いつか	むいか	なのか	ようか	ここのか	とおか
11日	12日	13日	14日	15日	16日	17日	18日	19日	20日
じゅういちにち	じゅうににち	じゅうさんにち	じゅうよっか	じゅうごにち	じゅうろくにち	じゅうしちにち	じゅうはちにち	じゅうくにち	はつか
21日	22日	23日	24日	25日	26日	27日	28日	29日	30日
にじゅういちにち	にじゅうににち	にじゅうさんにち	にじゅうよっか	にじゅうごにち	にじゅうろくにち	にじゅうしちにち	にじゅうはちにち	にじゅうくにち	さんじゅうにち

31日									何日
さんじゅういちにち									なんにち

曜日[요일] ; 月曜日, 火曜日, 水曜日, 木曜日, 金曜日, 土曜日, 日曜日, 何曜日

月曜日	火曜日	水曜日	木曜日	金曜日	土曜日	日曜日	何曜日
げつようび	かようび	すいようび	もくようび	きんようび	どようび	にちようび	なん(なに)ようび

番目[번째] ; 何番目, 1番目, 2番目, 3番目, 4番目, 5番目, 6番目, 7番目, 8番目, 9番目, 10番目

1	2	3	4	5	6	7	8	9	10	何
いちばんめ	にばんめ	さんばんめ	よんばんめ	ごばんめ	ろくばんめ	ななばんめ	はちばんめ	きゅうばんめ	じゅうばんめ	なんばんめ

部屋[방] ; 1部屋, 2部屋, 3部屋, 4部屋, 5部屋, 6部屋, 7部屋, 8部屋, 9部屋, 10部屋, 何部屋

1	2	3	4	5	6	7	8	9	10	何
ひとへや	ふたへや	み(さん)へや	よ(よん)へや	ごへや	ろくへや	しち(なな)へや	はちへや	きゅうへや	じゅうへや(じゅっぺや)	なんへや

箱[상자] ; 1箱, 2箱, 3箱, 4箱, 5箱, 6箱, 7箱, 8箱, 9箱, 10箱, 11箱, 何箱

1	2	3	4	5	6	7	8	9	10	11	何
ひとはこ	ふたはこ	さんぱこ (みはこ)	よんはこ	ごはこ	ろっぱこ	ななはこ	はっぱこ	きゅうはこ	じゅっぱこ	じゅういちはこ	なんぱこ

台[대] ; 1台, 2台, 3台, 4台, 5台, 6台, 7台, 8台, 9台, 10台, 何台

1	2	3	4	5	6	7	8	9	10	何
いちだい	にだい	さんだい	よんだい	ごだい	ろくだい	ななだい	はちだい	きゅうだい	じゅうだい	なんだい

人前[인분] ; 1人前, 2人前, 3人前, 4人前, 5人前, 6人前, 7人前, 8人前, 9人前, 10人前, 何人前

1	2	3	4	5	6	7	8	9	10	何
いちにんまえ	ににんまえ	さんにんまえ	よにんまえ	ごにんまえ	ろくにんまえ	なな(しち)にんまえ	はちにんまえ	きゅうにんまえ	じゅうにんまえ	なんにんまえ

度[번] ; 1度, 2度, 3度, 4度, 5度, 6度, 7度, 8度, 9度, 10度, 11度, 何度

1	2	3	4	5	6	7	8	9	10	11	何
いちど	にど	さんど	よんど	ごど	ろくど	ななど	はちど	きゅう(く)ど	じゅうど	じゅういちど	なんど

倍[배] ; 1倍, 2倍, 3倍, 4倍, 5倍, 6倍, 7倍, 8倍, 9倍, 10倍, 11倍, 何倍

1	2	3	4	5	6	7	8	9	10	11	何
いちばい	にばい	さんばい	よんばい	ごばい	ろくばい	ななばい	はちばい	きゅうばい	じゅうばい	じゅういちばい	なんばい

号[호] ; 1号, 2号, 3号, 4号, 5号, 6号, 7号, 8号, 9号, 10号, 11号, 何号

1	2	3	4	5	6	7	8	9	10	11	何
いちごう	にごう	さんごう	よんごう	ごごう	ろくごう	ななごう	はちごう	きゅうごう	じゅうごう	じゅういちごう	なんごう

着[벌] ; 1着, 2着, 3着, 4着, 5着, 6着, 7着, 8着, 9着, 10着, 11着, 何着

1	2	3	4	5	6	7	8	9	10	11	何
いっちゃく	にちゃく	さんちゃく	よんちゃく	ごちゃく	ろくちゃく	ななちゃく	はっちゃく	きゅうちゃく	じゅっちゃく	じゅういっちゃく	なんちゃく

足[켤레] ; 1足, 2足, 3足, 4足, 5足, 6足, 7足, 8足, 9足, 10足, 11足, 何足

1	2	3	4	5	6	7	8	9	10	11	何
いっそく	にそく	さんぞく	よんそく	ごそく	ろくそく	ななそく	はっそく	きゅうそく	じゅっそく	じゅういっそく	なんそく

軒[채] ; 1軒, 2軒, 3軒, 4軒, 5軒, 6軒, 7軒, 8軒, 9軒, 10軒, 何軒

1	2	3	4	5	6	7	8	9	10	何
いっけん	にけん	さんげん	よんけん	ごけん	ろっけん	ななけん	はっけん	きゅうけん	じゅっけん	なんけん

歳[살] ; 1歳, 2歳, 3歳, 4歳, 5歳, 6歳, 7歳, 8歳, 9歳, 10歳, 11歳, 20歳, 何歳

1	2	3	4	5	6	7	8	9	10	11	20	何
いっさい	にさい	さんさい	よんさい	ごさい	ろくさい	ななさい	はっさい	きゅうさい	じゅっさい	じゅういっさい	はたち	なんさい

円[엔] ; 1円, 2円, 3円, 4円, 5円, 6円, 7円, 8円, 9円, 10円, 11円, いくら

1	2	3	4	5	6	7	8	9	10	11	何
いちえん	にえん	さんえん	よえん	ごえん	ろくえん	ななえん	はちえん	きゅうえん	じゅうえん	じゅういちえん	いくら

割[할] ; 1割, 2割, 3割, 4割, 5割, 6割, 7割, 8割, 9割, 何割

1	2	3	4	5	6	7	8	9	何
いちわり	にわり	さんわり	よんわり	ごわり	ろくわり	ななわり	はちわり	きゅうわり	なんわり

자주 쓰이는 2단위 숫자 읽기

1・2本	2・3本	3・4本	4・5本	5・6本	6・7本	7・8本	数本
いちにほん	にさんぼん	さんよんほん	しごほん	ごろっぽん	ろくしちほん	しちはっぽん	すうほん

1・2枚	2・3枚	3・4枚	4・5枚	5・6枚	6・7枚	7・8枚	数枚
いちにまい	にさんまい	さんよんまい	しごまい	ごろくまい	ろくしちまい	しちはちまい	すうまい

1・2分	2・3分	3・4分	4・5分	5・6分	6・7分	7・8分	数分
いちにふん	にさんぷん	さんよんぷん	しごふん	ごろっぷん	ろくしちふん	しちはちふん (しちはっぷん)	すうふん

1・2時間	2・3時間	3・4時間	4・5時間	5・6時間	6・7時間	7・8時間	数時間
いちにじかん	にさんじかん	さんよじかん	しごじかん	ごろくじかん	ろくしちじかん	しちはちじかん	すうじかん

1・2日	2・3日	3・4日	4・5日	5・6日	6・7日	7・8日	数日
いちにち ふつか	にさんにち	さんよっか	しごにち	ごろくにち	ろくしちにち	しちはちにち	すうじつ

1・2週間	2・3週間	3・4週間	4・5週間	5・6週間	6・7週間	7・8週間	数週間
いちにしゅうかん	にさんしゅうかん	さんよんしゅうかん	しごしゅうかん	ごろくしゅうかん	ろくしちしゅうかん	しちはちしゅうかん	すうしゅうかん

1・2ヶ月	2・3ヶ月	3・4ヶ月	4・5ヶ月	5・6ヶ月	6・7ヶ月	7・8ヶ月	数ヶ月
いちにかげつ	にさんかげつ	さんよんかげつ	しごかげつ	ごろっかげつ	ろくしちかげつ	しちはちかげつ	すうかげつ

1・2年	2・3年	3・4年	4・5年	5・6年	6・7年	7・8年	数年
いちにねん	にさんねん	さんよねん	しごねん	ごろくねん	ろくしちねん	しちはちねん	すうねん

8. 자·타동사 일람

어미	자동사	타동사
~iru/~osu	起きる(일어나다)	起こす(일으키다)
	落ちる(떨어지다)	落とす(떨어뜨리다)
	降りる(내리다)	降ろす(내리다)
~eru/~u	切れる(끊어지다)	切る(끊다)
	焼ける(타다)	焼く(태우다)
	割れる(깨지다)	割る(깨뜨리다)
	折れる(꺾이다)	折る(꺾다)
~eru/~asu	出る(나오다)	出す(내다)
	冷める(식다)	冷やす(식히다)
	溶ける(녹다)	溶かす(녹이다)
	慣れる(익숙해지다)	慣らす(익히도록 하다)
	揺れる(흔들리다)	揺らす(흔들다)
	増える(늘다)	増やす(늘리다)
	燃える(타다)	燃やす(태우다)
	冷める(식다)	冷ます(식히다)
	濡れる(젖다)	濡らす(적시다)
	生える(나다)	生やす(기르다)
	逃げる(도망가다)	逃がす(도망가게 하다)

어미	자동사	타동사
~reru/~su	流(なが)れる(흐르다)	流(なが)す(흘리다)
	汚(よご)れる(더러워지다)	汚(よご)す(더럽히다)
	こわれる(부서지다)	こわす(부수다)
	倒(たお)れる(쓰러지다)	倒(たお)す(쓰러뜨리다)
	隠(かく)れる(숨다)	隠(かく)す(숨기다)
	こぼれる(넘쳐흐르다)	こぼす(흘리다, 엎지르다)
~oru/~osu	通(とお)る(통하다)	通(とお)す(통하게 하다)
	残(のこ)る(남다)	残(のこ)す(남기다)
	直(なお)る(낫다)	直(なお)す(낫게 하다)
	起(お)こる(일어나다)	起(お)こす(일으키다)
~aru/~eru	しまる(졸라지다)	しめる(조르다)
	上(あ)がる(오르다)	上(あ)げる(올리다)
	下(さ)がる(내리다)	下(さ)げる(내리다)
	かかる(걸리다)	かける(걸다)
	始(はじ)まる(시작되다)	始(はじ)める(시작하다)
	当(あ)たる(맞다)	当(あ)てる(맞히다)
	見(み)つかる(발견되다)	見(み)つける(발견하다)
	止(と)まる(멈추다)	止(と)める(세우다)
	曲(ま)がる(구부러지다)	曲(ま)げる(구부리다)
	伝(つた)わる(전해지다)	伝(つた)える(전하다)
	あたたまる(따뜻해지다)	あたためる(따뜻하게 하다)
	決(き)まる(정해지다)	決(き)める(정하다)
	重(かさ)なる(겹치다)	重(かさ)ねる(겹치다)
	集(あつ)まる(모이다)	集(あつ)める(모으다)
	変(か)わる(변하다)	変(か)える(바꾸다)

어미	자동사	타동사
~u/~eru	あく(열리다)	あける(열다)
	立つ(서다)	立てる(세우다)
	育つ(자라다)	育てる(키우다)
	並ぶ(늘어서다)	並べる(늘어놓다)
	つく(붙다)	つける(붙이다)
	続く(계속되다)	続ける(계속하다)
	届く((물건)도착하다)	届ける(보내다)
	揃う(갖추어지다)	揃える(맞추다, 갖추다)
	痛む(통증을 느끼다)	痛める(다치다, 상하다)
	止む(그치다)	止める(중지하다)

어미	자동사	타동사
~u/~asu	動く(움직이다)	動かす(움직이게 하다)
	乾く(마르다)	乾かす(말리다)
	減る(줄다)	減らす(줄이다)
	済む(끝나다)	済ます(끝내다)
	すく(고프다)	すかす(고프게 하다)
	沸く(끓다)	沸かす(끓이다)
	飛ぶ(날다)	飛ばす(날게 하다)
~ru/~seru	乗る(타다)	乗せる(태우다)
	着る(입다)	着せる(입히다)
	見る(보다)	見せる(보이다)
	似る(닮다)	似せる(흉내 내다)
不規則	なる(되다)	する(하다)
	はいる(들어가다)	いれる(넣다)
	死ぬ(죽다)	殺す(죽이다)
	消える(꺼지다)	消す(끄다)

9. 형용사 및 명사의 접속표현 유형

형용사 명사	표현유형 접속어	기본형 -い/だ (~다)	정중표현 -です	부정표현 -くない -で(は)ない	연결표현 -くて -で	과거표현 -かった -だった	과거정중표현 -かったです -でした
い형용사		ひろい 넓다	ひろいです	ひろくない	ひろくて	ひろかった	ひろかったです
		うれしい 기쁘다	うれしいです	うれしくない	うれしくて	うれしかった	うれしかったです
		いい(よい) 좋다	いいです よいです	よくない	よくて	よかった	よかったです
		おおきい 크다	おおきいです	おおきくない	おおきくて	おおきかった	おおきかったです
		すくない 적다	すくないです	すくなくない	すくなくて	すくなかった	すくなかったです
		ない 없다	ないです	なくない	なくて	なかった	なかったです ありませんでした
い형용사형		食べたい 먹고 싶다	食べたいです	食べたくない	食べたくて	食べたかった	食べたかったです
な형용사		きれいだ 깨끗하다	きれいです	きれいで(は)ない	きれいで	きれいだった	きれいでした
		同じだ 같다	同じです	同じで(は)ない	同じで	同じだった	同じでした
		健康だ 건강하다	健康です	健康で(は)ない	健康で	健康だった	健康でした
명사+だ		健康だ 건강이다	健康です	健康ではない	健康で	健康だった	健康でした
		学生だ 학생이다	学生です	学生ではない	学生で	学生だった	学生でした

비고
1) 형용사의 어간 : い형용사는 어미 い를 제외한 나머지이고, な형용사는 어미 だ를 제외한 나머지가 어간이 된다.
2) 외견상 같은 말이 문맥에 따라 「な형용사」로도 「명사+だ」로도 쓰이는 경우가 있다. 이와 같은 것에는 「自

조건표현 가정표현	형용사적표현 (명사수식)	부사적표현 (동사수식)	추측표현(1)	추측표현(2)	추측표현(3)
−ければ −なら(ば)	い/な/の	−く/−に	−かろう −だろう	−そうだ	−ようだ
ひろければ	ひろい＋명사	ひろく＋동사	ひろいだろう (ひろかろう)	ひろそうだ	ひろいようだ
うれしければ	うれしい＋명사	うれしく＋동사	うれしいだろう (うれしかろう)	うれしそうだ	うれしいようだ
よければ	いい(よい)＋명사	よく＋동사	いい(よい)だろう (よかろう)	よさそうだ	いい(よい)ようだ
おおきければ	おおきい (おおきな)＋명사	おおきく＋동사	おおきいだろう (おおきかろう)	おおきそうだ	おおきいようだ
すくなければ	すくない＋명사	すくなく＋동사	すくないだろう (すくなかろう)	すくなそうだ	すくないようだ
なければ	ない＋명사	なく＋동사	ないだろう (なかろう)	なさそうだ	ないようだ
食べたければ	食べたい＋명사	食べたく＋동사	食べたいだろう (食べたかろう)	食べたそうだ	食べたいようだ
きれいなら(ば)	きれいな＋명사	きれいに＋동사	きれいだろう	きれいそうだ	きれいなようだ
同じなら(ば)	同じ＋명사	同じに＋동사	同じだろう		同じようだ
健康なら(ば)	健康な＋명사	健康に＋동사	健康だろう	健康そうだ	健康なようだ
	健康の＋명사		健康だろう		健康のようだ
学生なら(ば)	学生の＋명사	学生に＋동사	学生だろう		学生のようだ

由だ(자유롭다, 자유이다)」「親切(친절하다, 친절이다)」등이 있다.
3) 엄밀히 말하면「大きな」는 활용 형태가 아닌「연체사」지만, 여기서는 기능면에 중점을 두어「형용사적 표현」에서 함께 다루었다. 이와 같은 형태로 쓰이는 말에는「小さな, おかしな」등이 있다.

10. 동사의 접속표현 유형

동사 종류 / 접속어 → 표현 유형	기본형 -u (～다)	정중표현 -ます (～ㅂ니다)	부정표현 -ない (～않다)	연결표현 -て (～고, ～서)	과거표현 -た (～었다)
1그룹동사	押す 누르다	おします	おさない	おして	おした
	行く 가다	いきます	いかない	いって	いった
	書く 쓰다	かきます	かかない	かいて	かいた
	泳ぐ 수영하다	およぎます	およがない	およいで	およいだ
	死ぬ 죽다	しにます	しなない	しんで	しんだ
	読む 읽다	よみます	よまない	よんで	よんだ
	飛ぶ 날다	とびます	とばない	とんで	とんだ
	言う 말하다	いいます	いわない	いって	いった
	待つ 기다리다	まちます	またない	まって	まった
	乗る 타다	のります	のらない	のって	のった
	くださる 주시다	くださいます	くださらない	くださって	くださった
	擦る 문지르다	すります	すらない	すって	すった
	切る 자르다	きります	きらない	きって	きった
2그룹동사	着る 입다	きます	きない	きて	きた
	寝る 자다	ねます	ねない	ねて	ねた
3그룹동사	する 하다	します	しない	して	した
	来る 오다	きます	こない	きて	きた
	分析する 분석하다	分析します	分析しない	分析して	分析した
동일접속유형	사전형, 명사수식형 -だろう, -かもしれない -はずだ, -らしい -ようだ, -つもりだ -ことにする -と -から, -ので, -のに -な	-たい -やすい(-にくい) -そうだ -ながら -すぎる -なさい -ましょう	-れる/-られる -せる/-させる -せられる -させられる -さければならない -なくてもいい	-ている -てある -ていく -てください -てほしい -てもらう -てもいい -てはいけない	-たり -たら -たことがある -たほうがいい -たところだ -たばかりだ

조건·가정표현 -ば (~면)	명령표현 -∅ / -ろ(よ) (~라)	의지·권유표현 う/よう (~려고)	수동표현 れる/られる (~당하다)	사역표현 せる/させる (~시키다)	가능표현 -eる/られる (~할 수 있다)
おせば	おせ	おそう	おされる	おさせる	おせる
いけば	いけ	いこう	いかれる	いかせる	いける
かけば	かけ	かこう	かかれる	かかせる	かける
およげば	およげ	およごう	およがれる	およがせる	およげる
しねば	しね	しのう	しなれる	しなせる	しねる
よめば	よめ	よもう	よまれる	よませる	よめる
とべば	とべ	とぼう	とばれる	とばせる	とべる
いえば	いえ	いおう	いわれる	いわせる	いえる
まてば	まて	まとう	またれる	またせる	まてる
のれば	のれ	のろう	のられる	のらせる	のれる
くだされば	ください				
すれば	すれ	すろう	すられる	すらせる	すれる
きれば	きれ	きろう	きられる	きらせる	きれる
きれば	きろ(きよ)	きよう	きられる	きさせる	きられる(きれる)
ねれば	ねろ(ねよ)	ねよう	ねられる	ねさせる	ねられる(ねれる)
すれば	しろ(せよ)	しょう	される	させる	できる
くれば	こい	こよう	こられる	こさせる	これれる(これる)
分析すれば	分析しろ	分析しよう	分析される	分析させる	分析できる

비고

- 「くれる(주다)」의 명령표현 ⇨ 「くれ(줘)」
- 「ある(있다)」의 부정표현 ⇨ 「ない」
- 「問う」「乞う」의 연결표현 ⇨ 「問うて」「乞うて」
- 「くださる」와 같이 「ます형·명령형」이 「い」로 되는 동사
  ⇨ 「いらっしゃる」「なさる」「おっしゃる」「ござる」
- 「こわれる(부서지다), たおれる(쓰러지다)」등과 같은 무의지동사는 명령 및 의지·권유표현을 만들 수 없다.
- 활용이 불규칙한 동사 ⇨ 「愛する, 信ずる, 案ずる」

11. 동사의 표현의도 일람

동사의 표현의도	동사의 변화	표현의미
정중한 현재 사항 서술	食べます	먹습니다
정중한 과거 사항 서술	食べました	먹었습니다
보통체 현재・과거	食べる・食べた	먹다・먹었다
동작의 진행	食べています	먹고 있습니다
동작의 개시	食べ始める	먹기 시작하다
동작의 전개	食べ続ける	계속 먹다
동작의 종료	食べ終わる	다 먹다
동작의 열거	食べたり	먹기도 하고
동작의 완료	食べてしまう	먹어 버리다
결과상태	食べてある	먹어 두었다
준비	食べておく	먹어 두다
경험	食べたことがある	먹은 적이 있다
권유	食べましょう・食べよう	먹읍시다・먹자
의지	食べよう	먹어야지
계획	食べるつもりだ	먹을 생각이다
희망	食べたいです	먹고 싶습니다
의뢰	食べてください	먹어 주세요
추측	食べるでしょう	먹겠죠
전달	食べるそうです	먹는다고 합니다
추측	食べそうです	먹을 것 같습니다
화자의 판단・추측	食べるようです	먹는 것 같습니다
추측	食べるらしい	먹는 것 같습니다
의무	食べなければならない	먹어야 한다
가능성 유무	食べるかもしれない	먹을 지도 모른다
가능	食べられます	먹을 수 있습니다
수동	食べられます	먹힙니다
사역	食べさせます	먹입니다
사역수동	食べさせられます	먹습니다(먹음을 당하다)
수수표현	食べてあげます	먹어 줍니다
수수표현	食べてくれます	먹어 줍니다
수수표현	食べてもらいます	먹어 줍니다(먹어 받다)
가정・조건	食べたら	먹으면・먹었더니
가정・조건	食べると	먹으면・먹었더니
가정・조건	食べれば	먹으면
가정・조건	食べるなら	먹을거라면

해답례
解答例

01 일본어의 기초 해답례
日本語の基礎 解答例

5. 일본어 기본문형 연습
1) 기본문형 연습 1
[p.20]

WARMING UP

1. 彼は日本語の先生です。
2. 彼女も会社員ではありません。
3. ここはどこですか。
4. それはうそではありませんか。
5. あなたの(お)名前は何ですか。
6. 今日は土曜日でも日曜日でもありません。
7. この財布は彼のでも彼女のでもありません。

2) 기본문형 연습 2
[p.23]

WARMING UP

1. 銀行は学校の中にあります。
2. かばんの中には本と鉛筆があります。
3. テーブルの上には何もありません。
4. 韓国に友達がいます。
5. このクラスには日本人の学生はいません。
6. 庭には犬と猫もいます。
7. 会議室の中には電話やコンピューターやプロジェクターなどがあります。

3) 동사의 기초
(종류 및 ます형)
[p.29]

WARMING UP

1. 6時ごろ、塾へ行きます。
2. 台風で木が倒れました。
3. 祖父は夜12時前には寝ます。
4. 12時過ぎに、友達と一緒に学生食堂で昼ごはんを食べました。
5. この店にはあまりお客さんが来ません。
6. だいたい朝は6時ごろ起きます。それから30分くらい運動をします。

02 핵심 문법 해답례
核心 文法 解答例

1. い형용사의 て형(~くて) [p.34]
1. なしは甘くて、みかんはすっぱいです。
2. 給料が安くて、生活が大変です。
3. 彼は気が弱くて、何でも譲ります。
4. インスタントラーメンは安くておいしいですが、体には悪いです。
5. 馬は足が長くてはやいです。
6. ヨンエさんの顔は丸くて、キョンリムさんの顔は四角いです。
7. 田中さんはやさしくて、中田さんは恐いです。

2. い형용사의 동사수식형 (~くなる)・부정형(~くない) [p.37]
1. 一年一年、髪の毛が薄くなります。
2. 夫の仕事が急に忙しくなりました。
3. ますます物価が高くなりますね。
4. 彼氏の部屋は広くないです。
5. 暑くて髪の毛を短く切りました。
6. 子供の部屋は、電気をもっと明るくしてください。
7. 子供のカレーは辛くなくしました。

3. な형용사의 で형(~で) [p.40]
1. 中田君はまじめで、田中君はまじめでありません。
2. 佐藤さんは親切で、林さんは親切ではありません。
3. 彼女は英語が上手で、彼は日本語が上手です。
4. 都会はにぎやかで、田舎は静かです。
5. 彼女の部屋はきれいで広いです。
6. 彼女は家事は嫌いで、ショッピングは好きです。
7. 家族みんなが元気で幸せです。

4. な형용사의 동사 수식형 (~になる) [p.43]
1. 今日は彼女がきれいに見えました。
2. 毎週日曜日には部屋をきれいに掃除します。
3. 会話が上手になるまでは時間がかかります。
4. 外国人には親切に笑います。

5. 彼は日本の歌も上手に歌います。
6. 牛乳は骨を丈夫にします。
7. 私も来年からは主人と給料が同じになります。

5. 명사 수식형(동사·い형용사·な형용사) [p.47]

1. これは誰に送る荷物ですか。
2. 香港にいる弟は明日国に帰ります。
3. 家族みんな楽しい日々を過ごします。
4. 今日もまずい納豆を食べました。
5. 私はきれいな花とかわいいねこが好きです。
6. 私は真面目な話をしました。しかしみんなが笑いました。
7. このクラスには運動が得意な人も苦手な人もいます。

6. 동사의 て형 [p.50]

1. ノックをして、部屋に入ってください。
2. 田中さんは交番で道を聞いて、市役所へ行きました。
3. 中込君は友達のアパートにちょっと寄って、家に帰りました。
4. 休みの日は掃除をして、テレビを見て、それからちょっと勉強して…
5. 森さんは夕食に肉と野菜を炒めて食べました。
6. 猫は穴を掘ってうんこを隠します。
7. 妻はいっしょうけんめい働いて、夫はぜんぜん仕事をしません。

7. たり [p.53]

1. 昨日は子供と遊んだり、買い物をしたりしました。
2. 木村さんはアルバイトで皿を洗ったり、料理を運んだりします。
3. 田中君は授業中欠伸をしたり、居眠りをしたりします。
4. 今日はあちこち行ったり来たりして、とても忙しかったです。
5. 花子さんはさっきから部屋を出たり入ったりしました。
6. 昨日は雨が降ったりやんだりして、変な天気でした。
7. 日本語の試験は難しかったり易しかったりします(です)。

8. 자동사·타동사 [p.56]

1. 小包はいつ頃届きますか。
2. お客さんは商品を見たり触ったりします。
3. これで発表を終わります。
4. そのおもちゃは壊れたのですか? 壊したのですか?
5. 先週から睡眠時間を3時間減らしました。
6. 家中の電気を消して、キャンドルに火をつけます。
7. 開いた(開いている)ドアは閉めてください。そして、閉まった(閉まっている)窓は開けてください。

9. 진행의 ている [p.59]

1. 田中さんは今スーパーで食料品を買っています。
2. 中村さんはさっきからずっと泣いています。
3. 「あなたは昨日の夜、何をしていましたか」「テレビを見ていました」
4. 今日は朝から雨が降っています。風も吹いています。

5. 木村君は朝晩両親の仕事を手伝っています。
6. 井上さんは先月から結婚式場でアルバイトをしています。
7. 工場の機械は一日に12時間動いています。

10. 결과상태의 ている [p.63]

1. 私は友だちにお金を借りています。
2. 加藤さんは年上の女の人と結婚しています。
3. 兄は仕事でインドネシアに行っていて、お姉さんは勉強しにアメリカに行っている。
4. 庭にきれいな花がたくさん咲いています。
5. 昨日と違って今日は朝から曇っています。
6. もう雨は止みました。それでは、また始めましょう。
7. 私の心は死んでいる。ああ、恋に破れたかわいそうな私!

11. たい・たがる [p.66]

1. 私はカラオケで歌を歌いたいです。
2. さっきから猫が外に出たがっています。
3. 毎日むし暑くて、髪を切りたいです。
4. のどが渇いて水を飲みたい。
5. うちの子はあまり人と付き合いたがりません。
6. 弟は肉を食べたがっていますが、私はさしみが食べたいです。
7. このごろは子供たちも携帯をほしがります。

12. から・ので [p.69]

1. 遅刻するから、早く起きなさい。
2. もう二度と嘘は言いませんから、許してください。
3. 来春高校を卒業するので、今進路について考えています。
4. 今日はとても疲れたので、家に帰って早く寝ます。
5. 手紙で告白しても、返事がないので、とても心配です。
6. 台風が近付いているので、人々はできるだけ外出をしません。
7. 梅雨が明けたので、これからとても暑くなります。

13. ため(に)(원인, 목적) [p.73]

1. 日本の学生の大部分は遊ぶため、アルバイトをしています。
2. 田中さんはお金を借りるため、銀行へ行きました。
3. コーヒーは眠気を覚ますため、効き目があります。
4. あなたは何をするため生きていますか。
5. 目覚まし時計をかけ忘れたため、寝坊しました。
6. 今日の野球試合は、雨のため中止となりました。
7. 私は人付き合いが苦手なため一人でいることが多いです。

14. 가능표현 (〜ことができる) [p.76]

1. 未成年者はお酒を飲むことができません。
2. 新幹線の指定席券は1か月前から予約することができます。
3. 私の学校では授業料を1か月ずつ納めることができます。
4. アパートやマンションでは犬や猫を飼うことができません。
5. 留学生は通学定期券を利用することができませんか。

6. 外国人も国民健康保険に加入することができますか。
7. 靴が大きすぎて歩きにくいです。

15. なくて・ないで(ずに) [p.80]

1. 私は皮をむかないでりんごを食べます。
2. 彼はシートベルトをしないで車を運転しました。
3. 体を洗わないで湯船に入る人もいます。
4. 井上さんは脇目も振らないで一生懸命に勉強しています。
5. 午後にも雨が止まなくて、お祭りは中止になりました。
6. 今日は電車が混まなくて、助かりますね。
7. 全然日が当たらなくて、私の部屋はとても暗いです。

16. う(よう) [p.83]

1. 試験も終わったから、今夜、一杯飲もう。
2. 愛情のない夫とは別れようと思っています。
3. 健康のために、毎日運動しょうと思っています。
4. これはいい辞書だから、僕も1冊買おう。
5. まだ力不足だが、来月のJLPT試験を受けようと思っている。
6. あなたは何歳くらいで、結婚しようと思っていますか。
7. あなたは将来何をしようと思っていますか。

17. てある [p.86]

1. 教室の壁に日本地図と世界地図が貼ってあります。
2. 応接間にピカソの絵がかけてあります。
3. もう学校の入り口のシャッターは下ろしてありました。
4. アパートの前にいつも燃えないごみが出してあります。
5. 友達が来るので、部屋が(を)きれいに(きちんと)片付けてあります。
6. 私はこれからの徹夜仕事のために、十分寝てあります。
7. 来週の予定はみんなに伝えてありますか。

18. てくる・ていく [p.89]

1. すべての物価がどんどん値上がりしていきます。
2. もう秋も終りです。これから寒くなっていきますね。
3. うちの会社は将来もっと大きくなっていくでしょう。
4. 小川さんはだんだん太ってきました。
5. りんごがだんだん赤く色付いてきます。
6. 日本語の勉強がいっそうおもしろくなってきました。
7. 旅行をする人が増えたので、観光地はますます混んできます。

19. 과거형(동사・い형용사・な형용사) / 완료형 [p.92]

1. 最近睡眠時間が短くなった。それは、残業で夜中の帰りが続くからだ。
2. 今朝はとても寒かったです。それは、昨夜から雪が降っていたからです。
3. 金魚が死んだ。それは、水道の水がよくなかったからだ。
4. 研修旅行は疲れたが、とても楽しかったです。
5. 彼と別れる前まで彼女の性格は非常に朗らかだった。

6. 「お風呂に入りましたか」「いいえ、まだ入っていません」
7. 「お兄さんは結婚しましたか」「いいえ、まだ結婚していません」

20. たことがある [p.95]

1. 私は作文テストで100点をとったことがあります。
2. 私はヘリコプターに乗ったことがあります。
3. あなたは人の命を助けたことがありますか。
4. あなたは誰かに「あなたを愛しています」と言ったことがありますか。
5. 富士山に行ったことはありますが、頂上まで登ったことはありません。
6. 私は犯人とは話をしたことも、会ったこともありません。
7. 日本は時々地震で人が死ぬこともあります。

21. るところだ・ているところだ・たところだ [p.98]

1. もう少しでペンキ塗りたてのベンチに座るところでした。
2. 「ここに車を止めないでください」「すみません、今行くところです」
3. これは蛇が蛙を飲み込んでいるところを撮った写真です。
4. 「帰国はいつですか。」「今切符を予約しているところで、まだ分かりません。」
5. 今は10時ですから、佐藤さんの乗った飛行機は成田を飛び立ったところですね。
6. 「今どこですか」「今ちょうどバスに乗ったところです。」
7. 「薬は飲んだの?」「うん、今飲んだところだよ」

22. あげる・てあげる [p.101]

1. 中込君は木村さんにコンサートの招待券をあげました。
2. 母の日にあなたはお母さんに何をあげますか。
3. 毎朝主人は花に水をやります。
4. 私は母に肩揉みをしてあげました。
5. 田中さんは先生に国の料理を作ってさしあげました。
6. 佐藤さんは中村君に消しゴムを貸してあげました。
7. 課長は新入社員に仕事の方法を教えてやった(あげた)。

23. くれる・てくれる [p.104]

1. フィアンセは私にダイアモンドの指輪をくれました。
2. 社長はアルバイトの人にもボーナスをくれました。
3. ミジさん、クリスマスにあなたは私に何をくれるの?
4. 中村君は私に日本の歌を教えてくれました。
5. 店員さんは私の買った品物をきれいに包んでくれました。
6. 先生は分からない学生に補習をしてくれます。
7. 友達は私の合格を心から喜んでくれた。

24. もらう・てもらう [p.107]

1. 私はガールフレンドから財布をもらいました。
2. 私の妹は学校から努力賞をもらいました。
3. 「木村君、誰からそのネクタイをもらったの?」「自分で買ったんだよ!」
4. 病気のとき私は友達に世話をしてもらいました。
5. いつも妹は姉に宿題を手伝ってもらいます。
6. ときどき佐藤君は故郷(国)の親にお金を送ってもらいます。

7. あなたは誰に(から)私の電話番号を教えてもらいましたか。

25. たほうがいい [p.110]
1. 朝ごはんは毎日きちんと食べたほうがいいですよ。
2. 月に一度は医者に診察受けたほうがいいです。
3. 悩みごとがあるときは、だれかに相談したほうがいいですよ。
4. 進学に備えて早くから貯金をしたほうがいいですよ。
5. 将来のため、無駄遣いはしないほうがいいですよ。
6. 体に悪いから、(お酒は)飲みすぎないほうがいいですよ。
7. 海外旅行では生物は食べないほうがいいですよ。

26. てもいい・てはいけない [p.113]
1. 廊下ではタバコを吸ってもいいですか。
2. 来週のバザーにはみなさんの友達をつれて来てもいいです。
3. 分からない人は辞書を引いても、隣の人に聞いてみてもいいですよ。
4. 熱が下がりました。もう薬を飲まなくてもいいですか。
5. アンケート用紙に名前は書かなくてもいいですよ。
6. 博物館や美術館で写真を撮ってはいけません。
7. 「学校を一日くらい休んでもいいですか」「いいえ、一日も休んではいけません」

27. なければならない [p.116]
1. 車に乗るときは、シートベルトをしなければなりません。
2. 腐りやすい生ごみは、夏は早く捨てなければなりません。
3. 今月中に借金を返さなければなりません。大変です。
4. 帰国してもいいですが、新学期までに戻らなければなりません。
5. 門限がありますから、11時までに帰らなければなりません。
6. サラリーマンはほとんど毎日残業しなくてはいけませんか。
7. 何でもYesかNoかはっきり言わなくてはいけませんか。

28. かもしれない [p.119]
1. 私は来年横浜に引っ越すかもしれません。
2. 私は今の会社を辞めるかもしれません。
3. 今年の夏は水不足になるかもしれない。
4. 今晩台風が関東地方に上陸するかもしれません。
5. 朝から寒気がします。薬を飲まなければならないかもしれません。
6. 井上さんはこれから愛をあきらめるかも知れない。
7. バスが来ないので(来なくて)、授業に間に合わないかもしれません。

29. だろう(でしょう) [p.122]
1. 彼はきっといい医者になるだろう。
2. 5時過ぎですから、教室には誰もいないでしょう。
3. 本場の韓国料理はもっと辛くておいしいでしょう。
4. 「恐竜」だから、きっと恐いだろうね。
5. 明日の寒さは全国的でしょう。
6. たぶんこれはスイス製の時計だろう。
7. 「あの方はどなたかな」「新しく来た先生だろう」

30. はずだ　[p.125]

1. この道をまっすぐ行ってください。それでは、学校に着くはずです。
2. もう約束の時間ですから、田中さんはじきに来るはずです。
3. 佐藤さんは大学を受験するはずです。入学願書を書いていましたから。
4. 変だね。ここに書類があったはずですが…。
5. 中村君は酒もタバコもやらないはずですよ。
6. 彼女は成績がいいから、試験に落ちるはずがない。
7. 狐も狸も冬眠するはずがない。

31. 예상·전달의 そうだ　[p.128]

1. 松村君は明日の柔道の試合に自信がありそうです。
2. ひどい下痢でふらふらになり、今にも倒れそうです。
3. その服は、あなたには似合いそうもありませんね。
4. (社内の噂によると)田中君と井上さんは結婚するそうです。
5. (政府発表によると)消費税は改定しないそうです。
6. (動物学者によると)蛸はとても賢いそうです。
7. (天気予報によると)今週の天気はよくないそうです。

32. ようだ　[p.131]

1. この犬はキュウリも食べるようです。変な犬ですね。
2. あ、誰か来たようですよ。中田さんかなあ。
3. 何か事故があったようです。電車が止まっています。
4. あなたも日本での生活に慣れたようなので、もう安心ですね。
5. 靴の裏にガムがついているようです。
6. 木村さんはあまりお酒が飲めないようです。
7. 佐藤君は授業がぜんぜん分からないようです。

33. らしい　[p.134]

1. 彼女は夜中に何度も目が覚めるらしい。
2. 今までの証拠から、やはり彼が犯人らしい。
3. うわさによると、あの店のカレーはとてもまずいらしい。
4. 昨日、関東地方で大地震があったらしいです。
5. 玄関の入り口が閉っている。彼女はまだ帰っていないらしい。
6. この夏は雨らしい雨は降らなかった。
7. あの人の学者らしい態度には頭が下がる。

34. つもりだ　[p.137]

1. 私は4月から英会話スクール(学校)に通うつもりです。
2. 私は来月、駅から近いアパートに引っ越すつもりです。
3. 私は将来無医村地区の医者になるつもりです。
4. 私の身元保証人は山田氏に頼むつもりです。
5. 死ぬつもりですれば、何でもできる。
6. あなたは学校にも来ないし、仕事もしないですね。いったいどうするつもりですか。
7. 自分の仕事を始めたつもりで、手伝ってあげます。

35. ことにする・ようにする　[p.140]

1. 少し高いけど、いい本ですから買うことにしました。
2. いろいろ考えたあげく(考えた結果)、中村さんとは別れることにした。
3. お金がかかりすぎるので、引っ越しをしないことにしました。
4. 明日からは早寝早起きをするようにします。
5. 健康に注意して、いろいろなものを食べるようにしています。
6. 生活が大変ですから、無駄遣いしないようにしています。
7. 授業中、居眠りをしないようにしてください。

36. ことになる・ようになる　[p.143]

1. 私は3月からフィリピンで仕事をすることになりました。
2. あなたは10月から中級クラスで勉強することになりましたよ。
3. 当社は東京の郊外に移転することになりました。
4. 子供が(食べ物の)好き嫌いなく、何でもよく食べるようになりました。
5. 私は会社に勤めてから、化粧をするようになりました。
6. 目が悪くなったので、眼鏡をかけるようになりました。
7. 毎日練習したので、私は500mも泳げるようになりました。

37. 가능표현(e−る・られる)　[p.146]

1. 車の音がうるさくて眠れない。
2. ラーメンが(を)食べ[ら]れるところへ行きたいですね。
3. 行きたいんですが、明日は忙しくて行けません。
4. あなたは先生の前で嘘がつけますか。
5. あなたはカップラーメンを食べながら自転車に乗れますか。
6. 私は両親のためには、命も捨てられる。
7. 日本では人々が行列をつくって並んでいる姿は、どこでも見[ら]れます。

38. ば　[p.149]

1. 春になれば梅、桃、桜の順で咲きはじめます。
2. あまり学校を休めば、留年するようになります。
3. 最近の食品はチンすれば、すぐ食べられるものがたくさんあります。
4. 日本の場合、電話番号は104番に聞けば、すぐ分かります。
5. 塵も積もれば、山となる。
6. 栄養を考えてきちんと食べなければ、病気になりますよ。
7. 苦しいことがあれば、楽しいこともあります。

39. と　[p.152]

1. 8に8を足すと、16になります。
2. 水素と酸素を混ぜると、水になります。
3. 日本では夕方5時になると、郵便局や役所は閉まります。
4. おたまじゃくしは成長すると、蛙になります。
5. 月日(時間)が経つと、自然に馴れてきます。
6. 雨が降らないと、作物が枯れてしまいます。
7. 二十歳にならないと、選挙権がありませんか。

40. たら　[p.155]

1. もし宝くじで一億円が当たったら、私は家を建てます。

2. もし残業で遅くなったら、今晩のデートは中止です。
3. もしゲームに負けたら、歌を歌ってください。
4. もしあなたが浮気をしたら、奥さんはきっと泣くでしょう。
5. もし差し支えなかったら、事情を聞かせてください。
6. テレビを見ていなかったら、消してもいいですか。
7. もし今日の切符が買えなかったら、明日の切符にします。

41. なら [p.158]

1. きみのためなら死ねるよ。
2. 一時帰国をするなら、帰国届けを出してください。
3. 両替をするなら、銀行に行ってください。
4. 部屋を借りるなら、会社の近くも見ておいた方がいいですよ。
5. 離婚するなら、子供のことを一番に考えなさいね。
6. 登山をするなら、しっかり準備して天気予報に注意すること。
7. 授業中トイレに行くなら、先生にきちんと断ってください。

42. 수동표현Ⅰ(직접수동) [p.161]

1. 私は先輩からパーティーに招待されました(招かれました)。
2. 子供の時、母を亡くした私は祖母に育てられました。
3. 佐藤さんはいつも予習復習をしているので、先生にほめられました。
4. うちの子供はいつも笑っていて周り人々に可愛がられています。
5. ビールは1年間にどのくらい飲まれているのですか。
6. 世界の情報は通信衛星ですぐ伝えられます。
7. 豆腐は大豆で作られて、素麺は小麦粉(メリケン粉)で作られます。

43. 수동표현Ⅱ(소유자수동) [p.164]

1. 私は彼女に腕をつねられました。
2. 誰かに後ろから肩を叩かれてびっくりした。
3. 蚊に手のひらを刺されて、痒くてたまりません。
4. 木村さんはどこかで誰かに財布をすられました。
5. 田中君は村田君にテストの点数を見られてしまった。
6. 犬が猫にえさを奪われた。
7. あなたはどうして犬に脚を噛まれたのですか。

44. 수동표현Ⅲ(간접수동, 피해수동) [p.167]

1. 前の車に急に止まられて、交通事故になってしまいました。
2. 母に倒れられて、私が家事をしています。
3. お客さんに長居されて、予定の仕事ができませんでした。
4. 田中さんは一人息子に死なれて、悲しい日々(毎日)を送っています。
5. ズボンの中にごきぶりに入られて、悲鳴をあげました。
6. ハイキングに行く途中、雨に降られて、びしょ濡れになりました。
7. 彼は息子に家を出られて、たいへん落ち込んでいる。

45. 사역표현 [p.170]

1. 先生は学生を一列に並ばせました。
2. 課長は具合の悪い部下を早めに帰らせました。

3. 中田さんは変なことを言って、いつもみんなを笑わせます。
4. 最近の親は子供にほとんどお使いをさせませんね。
5. 先生は学生に教室のごみを拾わせました。
6. お母さんは子供に味は苦いけど、よく効く薬を飲ませました。
7. 親鳥は子鳥に飛ぶ練習をさせています。

46. 사역수동표현
[p.173]

1. 私は店長に3時間も残業をさせられました。
2. 加藤君は先生に長くて難しい文章を読ませられました(読まされました)。
3. 中村さんは社長に会社を辞めさせられました。
4. 待ち合わせの場所で彼女に30分も待たされた(待たせられた)。
5. 私はさしみが食べられないのに、無理やり上司に食べさせられた。
6. 子供は無理やりに塾に行かされた(行かせられた)。
7. 国民は国に高い税金を払わせられています(払わされています)。

47. 경어표현Ⅰ(겸양표현)
[p.176]

1. 私の不注意でご迷惑をおかけしました。
2. 失礼ですが、お名前は何とお読みすればよろしいでしょうか。
3. 新郎新婦のために、一曲歌わせていただきます。
4. 先生を駅までお送りしてまいりました。
5. 会議が終り次第お電話いたします。
6. 今日はお招きいただきまして、まことにありがとうございます。
7. この原稿、どこか間違えたところがないのか見ていただけませんか?

48. 경어표현Ⅱ(존경표현)
[p.179]

1. お気をつけてお帰りください。
2. 先生は30分ほど前にお出かけになりました。
3. 先生はいつもちょうど12時にお食事なさいます。
4. 部長も会議に出席されるそうです。
5. こちらでお召し上がりですか。それとも、お待ち帰りですか。
6. 駐車場に行かれるお客さまは、こちらのエレベーターをご利用ください。
7. 作成なさった原稿は今月末までにお送りください。

49. 경어표현Ⅲ(특별동사 경어표현·정중어·미화어)
[p.183]

1. 田中さんはいつ韓国へいらっしゃいましたか。
2. 山田さんという方をご存じですか?
3. 先生、コーヒーを召し上がりますか。それともお茶になさいますか。
4. 私は韓国からまいりましたヘジンと申します。
5. 先生!「世界の中心で、愛をさけぶ」という日本の映画をご覧になりましたか。
6. 昨日は友だちと先生のお宅を伺いました(お伺いしました)。
7. 昨日お目にかかった先生は母がよく存じあげている方でした。